Triptik

Luiz Fernando Brandão

Triptik

uma viagem na terra
dos gurus e outras bandas

(2ª edição)

GRYPHUS

Rio de Janeiro
2024

© Luiz Fernando Brandão

Revisão
Lara Alves

Diagramação e finalização da capa
Rejane Megale

Ilustrações do miolo e da capa
Pauline Säll

Infográficos
Jonas Diehl e Pauline Säll

Foto de Maa Hansa Ji na dedicatória
Rohini Gosh

Adequado ao novo acordo ortográfico da língua portuguesa

CIP-BRASIL. CATALOGAÇÃO NA PUBLICAÇÃO
SINDICATO NACIONAL DOS EDITORES DE LIVROS, RJ

B818t
2. ed.

    Brandão, Luiz Fernando
      Triptik : uma viagem na terra dos gurus e outras bandas / Luiz Fernando Brandão. - 2. ed. - Rio de Janeiro : Gryphus, 2024.
      206 p. ; 21 cm.

    ISBN 978-65-86061-85-7

      1. Brandão, Luiz Fernando de Araújo - Viagens - Índia. 2. Índia - Descrições e viagens. 3. Ioga. I. Título.

24-92283   CDD: 915.4
                    CDU: 910.4(540)

Gabriela Faray Ferreira Lopes - Bibliotecária - CRB-7/6643

11/06/2024   14/06/2024

GRYPHUS EDITORA
Rua Major Rubens Vaz 456 – Gávea – 22470-070
Rio de Janeiro – RJ – Tel.: + 55 21 2533-2508
www.gryphus.com.br – e-mail: gryphus@gryphus.com.br

Agradeço a Márcia, Júlio, Jorge e Ammi, pelo amor incondicional e o sentido maior que dão a minha vida; à mui querida mana Patricia Lages, pela paciente digitalização do meu diário de viagem; à saudosa Angela Arieira (Lica), pela oportunidade da aventura que narro a seguir; à querida Eneida de Oliveira, pelo carinhoso texto introdutório; a Gisela Zincone, pela continuada confiança e parceria; às amigas Archana Makhija e Rohini Gosh, pela reaproximação com Maa Hansa Ji e o Yoga Institute; aos bons amigos Altamir Tojal e Jorge Carrano, pela criteriosa leitura dos originais da 1ª edição e valiosos comentários, bem como pelo estímulo e sugestões à presente; e, por fim, ao mestre Orlando Cani, pela calorosa acolhida a um *sadhaka* desconhecido e pelo generoso prefácio.

UM OLHAR

Naquela ocasião, em 1973, eu fazia a avaliação psicológica dos candidatos ao Curso de Formação de Professores de Yoga do Centro de Aperfeiçoamento Humano da Academia Vayuananda, no Rio de Janeiro. Os candidatos, em sua maioria, eram jovens inquietos na busca de autoconhecimento e de respostas para a existência do mundo.

Eu os recebia em meu consultório, um a um, e ouvia suas histórias e seus desejos; o caminho até então percorrido e aquele que ainda queriam percorrer. Pessoas lindas!

Havia um, especialmente, que me chamava a atenção pela vivacidade de seu olhar. Pelos seus questionamentos e pela curiosidade de sua alma em desvendar os mistérios da mente e do coração.

Esse rapaz tinha cerca de 20 anos e chamava-se Luiz Fernando Brandão. Alegre, prestativo, colaborador e afetuoso. Havia nele uma humildade que só se vê naqueles que querem, realmente, aprender. Dedicava-se ao que fazia e sua entrega era o seu acolhimento.

Quando chegou pela primeira vez em meu consultório, sentou-se no chão e se colocou na posição de um chela, um discípulo. Era assim que se sentia, um discípulo do mundo!

Fez seu caminho e, sem dúvida, aprendeu muito. O jovem inquieto, de olhos brilhantes e curiosos, se tornou um homem.

Agora, continuando seu percurso, compartilha conosco suas experiências e nos faz viajar em sua viagem à Índia.

Sou grata por poder novamente acompanhá-lo em sua nova etapa de vida, com a alegria de tê-lo encontrado no Caminho.

Eneida de Oliveira
Psicóloga, psicoterapeuta e professoa de Yoga

SUMÁRIO

PREFÁCIO   13

DE PARTIDA   17

1. A BORDO DE UMA ESTRELA   19
   De ônibus para a Índia   21
   Escravos das paixões   26
   Ilha flutuante   30
   Zero hora   33
   Mar abaixo, céu acima   35
   Zorba dança no Equador   38
   Aprender a andar   40
   Refém de Alá   42
   Caminho livre   44

2. NO LAR DE PATANJALI   47
   Santacruz East   49
   Sanatório de almas   53
   Dupla prova   55
   O fio da meada   57
   Brasileiros   59
   Impressões   62
   In corpore sano   64
   Gurus e vacas sagradas   69
   Despedidas   72
   Misconceptions   75
   Eterno retorno   78
   O dono da vaca   80
   Contagem regressiva   82
   O que nos move   84
   Torneiras mal fechadas   86

Viver mais e melhor   88
Protozoários   90
Inimigos internos   92
Doces lembranças   94
Monopólio da certeza   97
A conquista do Oeste   99
No calor das monções   101
Bendito mingau   104
Questões de fé   106
Arremates   108

3. OVERLAND   113
Entre jainas e egos   115
Água de barrica   119
"The best hashish"   121
Na rota da seda   125
Náufrago no deserto   127
Sultões e muezins   131
Olhos amarelos   134
Reform Haus   137
Fotos retocadas   139
Utopia supersônica   142
Zen grana   146
Rive Gauche   148
Cão faminto   151
Resistência cívica   152
Tour veterinário   155
Sine die   157
Cadbury land   159
Micos, druidas e dragões   163
London, London   166
Cavalo louco   168
Todos iguais   171

DE CHEGADA   175

FOTOS E INFOGRÁFICOS DA VIAGEM   179

*Dedico este livro à generosa família Yogendra, que, a
partir de seu recanto mágico no The Yoga Institute,
em Mumbai, há mais de 100 anos – agora sob a inspiradora
liderança de Maa Hansa Ji, preserva e dissemina o conhecimento
que nos habilita a usufruir o melhor de nós e da vida.*

PREFÁCIO

Aos 88 anos de uma vida quase inteira dedicada a orientar pessoas para uma existência mais plena e harmoniosa – tanto pela prática desportiva, que cedo abracei com entusiasmo e tem me proporcionado grandes realizações, como pelos ensinamentos recebidos na Índia, em especial do doutor Yogendra, no The Yoga Institute –, não tenho receio em afirmar que em nenhum outro momento o autocuidado teve, como tem hoje, tamanha importância para a saúde física, emocional, mental e espiritual do indivíduo e da sociedade.

Vivemos tempos difíceis, de norte a sul do planeta. É bem verdade que os mais antigos experimentaram épocas mais complicadas, quando guerras, perseguições políticas e religiosas, e holocaustos, entre outros horrores, ceifaram os sonhos e as vidas de milhões. Hoje, porém, quando a civilização alcançou um grau de progresso que eu seria incapaz de imaginar quando jovem e a onipresente tecnologia domina nossas vidas, percebo crescer uma tendência que está adoecendo muita gente, provocando sofrimento e depressão, inclusive em crianças e adolescentes.

Apesar das comunicações mais ágeis e das fantásticas facilidades trazidas pela tecnologia, mais e mais pessoas estão se distanciando não apenas de si mesmas como umas das outras e, por que não dizer, da inesgotável energia do universo. Um triste cenário, em que a divina bênção da vida acaba por perder sentido, começa a se delinear nos horizontes de cada vez mais gente. Resgatar esse contato com nosso ser por meio do movimento e da respiração conscientes, assim como desenvolver a capacidade de atenção plena a cada momento é, no meu entender, a melhor – se não a única – maneira de nos blindarmos contra a neurose coletiva, nos fortalecermos para o que quer que venha à frente e usufruirmos, como bem define Luiz Fernando Brandão na dedicatória deste livro, o melhor de nós mesmos e da vida.

Essa filosofia, por muitos considerada ciência, que nos ensina a respirar, a sentir e a amar a nós próprios e aos próximos e a conviver integrados com o universo, chama-se Yoga. Um conhecimento milenar, nascido na

Índia, que o autor conseguiu apresentar de uma forma original e instigante neste seu relato de uma viagem ao Oriente e outras "bandas" por um jovem sonhador carioca nos idos dos efervescentes 1970.

Acho extremamente positivo que um crescente número de indivíduos, por toda parte, venha abraçando o Yoga e se beneficiando com isso. Mas há alguns pontos que requerem atenção. Em particular no Ocidente, nossa atração pelo modismo tem feito surgirem versões com nomes e técnicas mais rebuscados do que aprendi com meus mestres na Índia. É como se o que é bom e eficaz justamente por ser simples não fosse suficiente: o importante é a novidade. Então, o que se vê não raro associado à prática do Yoga são vídeos de jovens com corpos esculturais fazendo verdadeiros contorcionismos que, se forem executados por iniciantes ou pessoas que tenham alguma condição prévia adversa, podem prejudicar seriamente a saúde, ao invés de melhorá-la. Também me preocupa a maneira pouco aprofundada como, em muitos casos, estão sendo formados novos instrutores, o que pode representar riscos à integridade física e psicológica dos seus alunos. Mas são distorções que se resolvem com bom senso e orientação adequada, que felizmente não faltam, como o próprio livro de Luiz Fernando vem confirmar.

Sem pretensões, com muita sinceridade, bastante bom humor e pitadas por vezes bem apimentadas de crítica, o autor – que, recém-formado instrutor, me foi apresentado ainda tão jovem que eu mal me lembrava dele – trata do Yoga de um jeito que me encantou: ensinamentos simples, úteis para qualquer pessoa interessada em viver mais e melhor e, acima de tudo, eficazes. Tivemos a fantástica oportunidade (merecimento?) de aprender na fonte com autênticos iogues da família Yogendra, eu e minha querida Ilara, em 1973, e ele dois anos depois, quando sem saber estivemos tão próximos. Por essas magias do destino, acabamos por nos reencontrar neste livro e nesta vida.

Triptik, uma viagem na terra dos gurus e outras bandas, que agora parte para sua 2ª edição, é uma história que considero de muito valor, não só para aqueles que praticam Yoga, mas para todos os que estão curiosos ou interessados em conhecer essa disciplina espetacular que, como elemento essencial da minha bioginástica, me possibilitou ajudar, inclusive, atletas individuais ou em equipe que entraram para a história nas suas respectivas modalidades: Bernardinho, do vôlei; Rickson Gracie, do jiu-jitsu; Fernanda Keller, do triatlo; Dani Genovesi, no ciclismo; e Flávio Canto, do judô, para citar apenas alguns dos inúmeros supercampeões que passaram pela minha academia em Copacabana.

Muito me orgulha a contribuição que tenho oferecido, não só para atletas e desportistas, mas para milhares de pessoas de todas as idades, por intermédio do Yoga aprendido com os mestres que a vida me deu o privilégio de conhecer. E, de novo, volto ao texto do Luiz Fernando quando ele diz que, independente das nossas convicções e sejam quais forem as circunstâncias, temos de cuidar dos nossos jardins. Leiam o livro, e creio que irão concordar. Namastê!

Orlando Cani
Rio de Janeiro, 20 de dezembro de 2023

DE PARTIDA

As andanças mundo afora de um jovem e compenetrado estudante de Yoga da Zona Sul carioca que, nos idos de 1970, vai buscar na Índia a confirmação de uma certeza, tanto quanto consigo resumir, é do que trata nossa história. É a reconciliação de dois momentos da procura pelas mesmas respostas, que parecem vir à tona justo quando abro mão de encontrá-las: uma espécie de armistício que assino com a minha consciência, transcorrido quase meio século desde aquele precoce sabático no Oriente.

Durante todos esses anos cansei de ouvir, de pessoas próximas e de estranhos com quem dividia as minhas aventuras, que deveria contar tudo em um livro. Até que um gaiato – não recordo direito quem – sugeriu que eram tantas que dariam para escrever três.

Na ânsia de recuperar o tempo perdido e antes que ele me deixe para trás, atendi de certa maneira à sugestão e produzi uma obra em três partes, um tríptico. Grafado de forma "criativa", no título, na esperança de atrair o leitor curioso ou, quando muito, garantir à obra o mínimo de visibilidade no disputado espaço dos mecanismos de busca e nas redes sociais.

Os 20 e poucos dias da travessia marítima até o Oriente Médio são cobertos em "A bordo de uma estrela", e meus seis meses de permanência na Índia, internado no mais antigo centro organizado de ensino de Yoga de que se tem notícia, descritos em "No lar de Patanjali". Por fim, em "Overland", encontram-se os eventos da pitoresca, quase fatídica, jornada por terra até a Europa e do breve período em que por lá fiquei.

Quase tudo o que se passou nos dois primeiros capítulos foi reconstituído com a ajuda de um minucioso diário de viagem, cujos originais, manuscritos a caneta esferográfica em caderno universitário, encontram-se em perfeitas condições. Para o terceiro e último, de muito me valeram as notas de um pequeno caderno, que conservo com o mesmo carinho.

Não tivessem sido destinadas à confecção de baseados durante o memorável verão das latinhas, muitos anos depois, as cartas enviadas para a família – guardadas em uma caixa de sapatos por minha zelosa mãezinha e certo dia devolvidas a mim com um gesto solene – decerto teriam enriquecido o relato. Consola-me saber que foram lidas e fizeram seu efeito no momento devido.

Pedaços da história foram, na época, considerados indignos de registro e por pouco teriam sido omitidos; mas cenários, rostos, sons, cores e perfumes afloraram de livre-iniciativa durante a escrita, como se a exigir reconhecimento. Apesar de tingidos pelos matizes difusos da paleta da memória – e do lapso de quase 50 anos –, esses trechos são igualmente confiáveis, pois, assim como os elefantes e (dizem) os povos primitivos, tenho uma memória implacável.

Assim foi, na primeira parte, com a patética despedida da família à porta do elevador, a quase trágica lua de mel nas ilhas gregas e o humilhante episódio com o cônsul indiano em Al-Kuwait. E, na segunda, quando falo da deslumbrante funcionária da Air India que, dentro de uma cabine de elevador, desestabilizou a minha frágil condição de *brahmashari*, como chamam na Índia aqueles que guardam a continência sexual com objetivos espirituais.

A seção final emergiu quase toda das impressões gravadas na mente e no peito – algumas, ainda bem nítidas; outras, um tanto esmaecidas –, reavivadas em consultas fortuitas a um castigado álbum de fotografias, cujo conteúdo foi salvo da ação dos fungos e da decadência química pelo milagre da digitalização.

Confio em que os leitores interessados no Yoga, bem como os profissionais de todos os ofícios e estágios da vida, saberão filtrar a leitura para, aqui e ali, vislumbrar um quê de sabedoria e extrair algo de valor para sua caminhada.

1

A BORDO DE UMA ESTRELA

De ônibus para a Índia

Apesar de sempre ter tido atração pelo desconhecido e viajado bastante, aos 23 anos de idade eu nunca havia me aventurado além de Fortaleza, no Ceará, terra natal de minha mãe, distante 3 mil quilômetros do Rio de Janeiro, onde nasci e fui criado.

Sim, já visitara povos e cenários bem mais longínquos, mas nos livros de Jules Verne, o pioneiro da ficção científica. O primeiro deles, *Um capitão de quinze anos*, presenteado por meu velho, um leitor voraz.

Fiquei tão fascinado com as aventuras daquele rapazola destemido que, durante mais de um ano, troquei o ônibus comum pelo elétrico, mais barato, para ir ao colégio. O percurso de ida e volta entre Copacabana e o Catete era mais demorado, volta e meia interrompido pelo condutor para recolocar os "chifres" do trolebus em contato com a rede elétrica. Porém, com os trocados economizados, a cada 15 dias eu conseguia juntar o suficiente para adquirir um novo título da coleção, publicada em formato de bolso pela Edições de Ouro. Foi assim que li praticamente todas as principais obras do mestre francês.

Presenteados pelos tios, pescados das estantes de parentes e de conhecidos ou permutados com colegas de escola, livros incontáveis dos mais diversos autores haviam ajudado a atravessar as horas de tédio da adolescência e embalado a minha imaginação. Mas chegar a pôr os pés no Oriente, quanto mais viver lá, em definitivo não fazia parte de meus sonhos. Claro que contava um dia, se a sorte ajudasse, conhecer os lugares onde primos e colegas mais afortunados tinham estado, na Europa e na América. Naquela época, viajar ao estrangeiro era para poucos.

Dessa forma, esta história foi desde o começo cercada de uma aura tão mágica que só comecei a me dar conta do que de fato acontecera mais de um ano depois. E somente agora, quando vivo o terceiro e penúltimo tempo de um jogo em cuja etapa final não posso garantir minha presença, penso ter chegado a hora de compartilhá-la.

Digo isso por acreditar nos escritos que andei fuçando do Ayurveda, a antiga medicina indiana. Ele diz ser o corpo humano uma "máquina" projetada para funcionar por 100 anos, a depender da qualidade do combustível, dos tipos de uso e dos cuidados de conservação. Pretendo continuar vivo por muito tempo ainda, mas é sempre melhor prevenir o que não tem remédio.

Lembro do calor daquela tarde de novembro, em Ipanema, na varanda da casa da Maria Inez (à época, minha tão intensa quanto mal correspondida paixão). Loura de cabelos longos anelados, o rosto de querubim, de lindos olhos castanhos claros, eu a via como uma princesa das fábulas medievais. Pena que me quisesse como amigo, apenas – uma desgraça para alguém apaixonado e não correspondido.

Não fazia muito tempo, sua irmã mais velha e o marido, também amigos meus, haviam se mudado para Bombaim (hoje, Mumbai), onde estavam enfronhados no estudo do sânscrito e da filosofia Vedanta. Como eu era um recém-formado instrutor e há alguns anos aplicado praticante de Yoga, tínhamos, os três, muitas afinidades.

Ao leitor interessado em saber como um jovem da classe média da Zona Sul carioca foi atraído para o Yoga em plenos anos 1970, conto um pouco mais.

Vivíamos aqui uma ditadura e sofríamos, cada um à sua maneira, de suas mazelas. A maioria dos jovens da minha idade não tinha consciência política. Muitos dos que não estavam engajados abrigavam os sonhos de um mundo melhor no pacifismo, no amor livre e nas filosofias orientais.

Substâncias ilícitas – o soma do *Admirável mundo novo*, obra que marcou a minha geração – prometiam estados ampliados, transcendentais, da consciência, além do desfrute do prazer proibido. Havia bem poucos praticantes de Yoga, em geral, gente mais velha, pessoas buscando terapias alternativas ou adeptos da contracultura cansados da doideira, como era o meu caso.

Na antiga Faculdade de Direito (UEG), no Catete, que abandonei no segundo ano antes das provas finais, eu fazia parte dos cabeludos da cultura alternativa que somavam, quando muito, um quinto da turma. Metade eram CDFs genuínos ou estudantes medíocres que ali estavam apenas em busca de um diploma, quase todos caretas. Boa parte dos restantes só ia lá para assinar a presença e pulava fora no primeiro intervalo; eram os caras politizados, frequentadores ativos de comícios e passeatas – alguns, já então a caminho da clandestinidade.

Estava assim de cara limpa e em busca de algo mais, quando me caiu nas mãos, emprestado por um amigo, o livro do professor Hermógenes, *Autoperfeição* com *Hatha Yoga*. Li e reli de cabo a rabo, me apaixonei. Nada como a leitura certa, no momento certo.

Matriculei-me sem demora em uma academia de Yoga pertinho de casa e, em um instante, me vi praticando os exercícios duas horas por dia, mudando minha dieta e estilo de vida – enfim, essas coisas que o sujeito faz quando encontra bons motivos para começar de novo. Daí para ser convidado a participar do curso de formação de professores, ministrado à noite na academia, foi apenas natural. Dois anos depois, eu já dava minhas aulas.

Era uma rotina agitada, a minha. Yoga em casa, bem cedinho pela manhã; meio-expediente de trabalho no laboratório do pai de um amigo, até o meio-dia; rápida escapada de bicicleta até a praia, para uma hora de natação; almoço às pressas, em casa; e aulas no curso de Jornalismo, na parte da tarde. O dia terminava na academia de Yoga, com mais uma sessão de uma hora e, em seguida, o curso de instrutores até as 10 da noite.

Voltemos à varanda.

Enquanto aguardava minha esquiva amada, ocupada com assuntos que, imagino, seriam mais importantes do que eu nos recônditos da casa, aparece a mãe, a doce e tranquila Ângela – Lica, para os íntimos. Conta-me as últimas notícias da filha e do genro na Índia, confessa sua preocupação em tê-los tão distantes e, como quem não quer nada, provoca: "Você não tinha vontade de ir estudar lá, também?".

Se tinha! Falo do curso de formação de professores do Yoga Institute, seis meses de imersão profunda no tema que se tornara minha razão de existir. Uma pós-graduação de respeito. Mas explico: não tenho a menor condição de fazer uma viagem tão cara. Pior, o curso começa em janeiro e já estamos no final do ano.

Para minha surpresa, ela apenas diz que logo mais conversaria com o marido. Que, por "acaso", é o diretor comercial do Lloyd Brasileiro, companhia de navegação estatal. Dali em diante e até o momento do embarque, a trama se desenrola no modo de avanço rápido, e logo eu me veria a bordo de um navio cargueiro.

Três dias depois, o próprio benfeitor me liga, curto e grosso: "Luiz, aqui é Roberto Arieira. A Ângela falou comigo. Para a Índia não vai sair nenhum navio tão cedo, mas tem um que está partindo para o Kuwait dentro de 20 dias. Você pode voar de lá para Bombaim. Deve dar pra chegar a tempo do início do curso."

Topo na hora, sem hesitar. E, naquela mesma noite, como quem conta algo trivial, lanço a novidade sobre a mesa do jantar. Meus velhos mal conseguem disfarçar o espanto, quase incredulidade. Afinal, a notícia quebrava a rotina linear da família pacata, convencional: de novo, mesmo, pouco acontecia na casa, pois a vida social de meus pais era quase inexistente. Os dois ainda tentavam se acostumar aos meus novos hábitos, para eles, tão ou mais excêntricos quanto os anteriores. Tanto que minha mãe, preocupada com a saúde mental do único filho homem, pediu-me para conversar com o irmão, prestigiado psiquiatra e diretor de uma das principais clínicas do Rio.

Em seu gabinete, meu tio Deusdedith – um homem brilhante, mas conservador – quis saber mais sobre as razões da viagem. Fiel à linha ortodoxa da profissão, desconfiava de todo e qualquer misticismo. Sobre Freud, Jung, o inconsciente e a psicanálise, "é tudo uma grande bobagem", sentenciou, naquela consulta informal, quando citei alguns livros que haviam influenciado minha nova forma de ver as coisas.

Não dei o braço a torcer e expliquei que o Yoga, diferentemente do que muitos pensavam, nada tinha de religião ou seita. Era uma ciência, como outras, só que dedicada ao autoconhecimento por meio de disciplinas específicas. "Entendo", disse ele, perscrutando-me com seus profundos olhos verdes acinzentados. "Faça uma boa viagem e nunca minta para você mesmo", despachou-me, enigmático, enfiando no bolso da minha camisa duas notas de US$ 100.

Meu velho, depois de anos como executivo em uma multinacional, agora trabalhava em casa fazendo traduções técnicas para escritórios especializados em patentes e marcas. Jorge Brandão era um bamba, "o decano da profissão", segundo ouvi de uma jovem advogada, muito tempo depois. Levado por mim, ele também praticava Yoga na mesma academia e estava curtindo bastante a experiência: a proposta da viagem à Índia, apesar de inusitada, fazia sentido.

Aglaïs, minha mãe, uma "rainha do lar" – no melhor sentido da surada expressão, pouco saía, a não ser para as compras e raras visitas a parentes e amigas. Sempre preocupada com o meu futuro, fez com que eu aprendesse inglês e datilografia ainda moleque, pelo que sou extremamente grato. Nunca se conformou por eu ter largado os estudos de Direito. Só depois de apurar com meu tio o "diagnóstico" é que ficou mais tranquila e me concedeu sua bênção habitual: "Que Deus te proteja, meu filho."

A caçula e temporã Patrícia, que me tinha como pai-irmão, bem que tentou se mostrar animada, quando anunciei a viagem. Mas logo se levantou da mesa e correu para o quarto, aos prantos, como se tivesse perdido um ente querido.

Semanas de atividade febril: vistos apalavrados para a Índia e o Kuwait; dispensa e liberação de FGTS e outros preciosos caramínguás pelo generoso patrão, meu primeiro empregador; trancamento de matrícula no curso de Jornalismo, que estava a meio caminho de concluir; e carta de recomendação, redigida por um antigo conhecido da turma do Yoga Institute. Tudo providenciado em questão de dias.

> 1º de dezembro de 1975. Sentado neste banco da Rodoviária Novo Rio de mochila aos pés, estou completamente entregue aos meus pensamentos, como das outras vezes em que viajei só. Desta feita, sinto que o contato com meu próprio ser será mais profundo, provavelmente pela duração do afastamento e a distância a transpor. Mas a perspectiva me agrada. Confesso que a despedida em casa foi comovedora e já posso imaginar quanta falta fará a quebra desse convívio quase ininterrupto de 23 anos. O ônibus que me levará até Santos sai daqui a pouco, à 1h40 da madrugada – por "acaso", o horário exato do meu nascimento.

Nesse tom grandiloquente e não sem uma pitada de misticismo, inaugurei meu diário de viagem, tratando de compensar no discurso as prosaicas circunstâncias da partida: sem adeuses chorosos dos parentes nem beijo da amada à beira do cais, que cairiam bem melhor em uma narrativa épica digna deste nome e do leitor.

Devo confessar que a despedida da família à porta do elevador, apesar de carregada de emoção, foi um tanto frustrante, pois nenhum dos meus se dispôs a acompanhar-me até a rodoviária em plena madrugada. Leonino que sou, quero crer que passar quase um ano sem a minha companhia era demais para eles.

Foi assim, desse jeito inusitado, anônimo e solitário na noite carioca, que desci a ladeira da Professor Gastão Bahiana, em Copacabana, e me mandei para um outro mundo até hoje desconhecido da maior parte dos ocidentais: de ônibus, para a Índia.

Escravos das paixões

Provisoriamente instalado neste cubículo da agência de navegação Nautilus, em Santos, aguardo o momento de ser levado até o navio que, após estimados 20 dias e escalas em Dubai, Abu Dhabi e Bahrein, me descarregará (torço que incólume) no Kuwait.

Checo o conteúdo da bolsa tiracolo e da mochila de lona verde – compradas de última hora em uma lojinha perto do Arsenal de Marinha – para ver se esqueci alguma coisa importante. Levo um par de calças *jeans* extra, seis camisetas, cuecas, meias, um casaco de lã e camurça, duas camisas de abotoar, um agasalho de ginástica e objetos de higiene pessoal. Não esqueço o *japa mala* (espécie de rosário usado na meditação) presenteado pelo meu professor de Yoga, um par de tênis e um de botas de cano curto e solado de borracha, óculos escuros de aviador, passaporte, máquina fotográfica, dois filmes coloridos de 36 poses, uma caneta, um caderno universitário e três livros. Uma caixa de Dramamine. No pescoço, meu cordão com a cruz de prata. Acho que está tudo em cima.

Estou ainda meio zonzo do pernoite no ônibus, pois pouco dormi de tão excitado. A imaginação correu solta, várias vezes foi à Índia e voltou, brincou de calças curtas no recreio da escola, contou a novidade aos amigos e professores queridos, projetou na tela da memória cenas e mais cenas de antigos filmes vividos. "Quem diria, Luiz Fernando, olha só pra onde você está indo!", cutucava o companheiro de viagem interno, me tirando o sono.

De bandeira e tripulação gregas, o *Asteri* (estrela, em grego) foi afretado pelo Lloyd Brasileiro para levar frango, extrato de tomate e outros produtos refrigerados aos emirados árabes; os mesmos que, desde 1973, embargam o fornecimento do petróleo e fragilizam as potências até então hegemônicas do Ocidente.

A fim de passar o tempo e na falta de melhor para fazer, examino curioso o imenso mapa-múndi afixado na parede. Esboço alguma familiaridade com os nomes e paragens estranhos e me lembro do jovem aventureiro concebido por Jules Verne. No íntimo, porém, persiste a sensação difusa de que estou vivendo um sonho e posso acordar a qualquer momento.

Volta e meia, olhares de relance flagrados pela divisória de vidro fazem-me sentir um bicho raro em exposição. Imagino que um rapazola barbudo e bronzeado desperte tamanha curiosidade por estar disposto a se despachar, de livre vontade, em um cargueiro frigorífico rumo aos confins do Judas.

Primeiro dia a bordo. O capitão, 46 anos, faz o gênero linha-dura. Claro, de estatura mediana, semblante sério, quase inamistoso, rosto marcado pelo sol e pelo sal, Yerassimos Antypas revela, de cara e para minha surpresa, imensa antipatia pela Índia e por tudo o mais que diga respeito ao Oriente. Dedica a maior parte da breve conversa a falar da miséria e do sofrimento que, garante, abundam por lá. Haja banho de água fria! Ao saber do objetivo da aventura, não disfarça o ceticismo, quase desprezo, com relação a qualquer coisa ligada às coisas do espírito. Ao Yoga, inclusive. "Você leva bastante dinheiro? Se não, ainda está em tempo de desistir. Aquelas paragens são perigosíssimas para qualquer estrangeiro, quanto mais para um rapaz como você."

Medo, quase terror: viajo com o dinheiro contado. O jovem imediato, Panayotis, que se apresenta logo após meu embarque, é bem mais cordial e ameniza um pouco as coisas. Os caras fumam sem parar e tomam muito café à moda grega, cheio de borra e quase intragável. É preciso deixar o sedimento repousar no fundo da xícara, antes de beber; e quando isso acontece, o líquido já está quase frio.

A noite é boa. Meu camarote, normalmente reservado ao representante do armador em viagem de inspeção, é espaçoso e confortável, mas o colchão é muito mole e estou acostumado a dormir em cama dura e sem travesseiro. Peço logo para trocarem e sou prontamente atendido. Nada como ser convidado do sujeito que está pagando as diárias do barco.

Depois de relutar um pouco, resolvo fazer minha primeira refeição a bordo, com resultados pífios: o prato forte é cabrito, e não como carne faz anos. Refugio-me no arroz branco com molho de tomate, batatas fritas, tomates e pepinos, pão branco com queijo de cabra, arrematados por uma *long neck* alemã deliciosa. Que cardápio para um aspirante a guru! Consolo-me na perspectiva de seis meses de autêntica dieta iogue no instituto.

Durmo mais que o normal, talvez pela noite passada quase em claro, na véspera, e só completo minha rotina de exercícios lá pelas 10 horas. Sinto-me muito bem, cada vez mais à vontade no novo ambiente. Como viajo por cortesia do Lloyd, sou o único a bordo que não precisa trabalhar: uma condição privilegiada, mas preocupante. Temos 20 e tantos dias de mar pela frente e arranjar o que fazer é mais do que necessário.

De acordo com a astrologia, e a não ser que enjoe muito, conseguirei tirar de letra a travessia marítima. Meu ascendente, no signo de Gêmeos, me coloca sob forte influência de Mercúrio, planeta que simboliza o comércio, os correios, as viagens e a comunicação, conferindo a suas crias a capacidade de comunicação e a facilidade de se adaptar a novas situações.

Parece que vamos partir daqui a dois dias. Da janela, acompanho o movimento no porto. É um complexo gigantesco, milhares trabalham pesado por aqui. Bonito acompanhar os navios entrando e saindo. Alguns, velhos e alquebrados, mais lembrando almas penadas; outros, como o *Asteri*, jovens e cheios de entusiasmo. Pois, assim como os humanos, me parece, os barcos têm alma. Denunciam a idade, a experiência e a disposição não nas rugas do rosto ou das mãos, mas no estado dos cascos e dos equipamentos. Alguns navegam felizes da vida, prontos para encarar as mais duras travessias. Outros, talvez descontentes por conta de suas condições físicas, rotas ou tripulações, partem a contragosto mar adentro com o ar resignado de quem não pôde escolher outro destino.

O *Asteri*, todo branco com detalhes em azul no casco e na chaminé, é um barco construído em Hamburgo há 10 anos. Um cargueiro frigorífico de 6,2 mil toneladas que, dizem, é bem veloz, cerca de 20 nós ou 40 quilômetros por hora – isso, no mar, não é pouco.

Bato pernas pelas cercanias do Porto de Santos, um lugar esquisito mas, à sua maneira, simpático. Como toda zona portuária, respira aquela atmosfera impessoal, de terra de ninguém. O cafezinho nos bares é excelente, e os pãezinhos, *idem*. Os serviços me parecem muito melhores que no Rio, apesar de tudo ser mais caro. Continuo a aguardar a hora da partida.

Almoço a bordo com o comandante e conversamos mais um tanto. Desapontado com a vida no mar, ele chegou à triste conclusão de que, se pudesse escolher novamente, teria ignorado a atração pelo desconhecido do início da carreira e arranjado outra forma de ganhar dinheiro.

Conheço também o Nicholas, oficial de radiotelegrafia, o mais gente fina até agora. Mais dias se passam e nada de zarparmos. Enquanto isso, vou fazendo amizade com os tripulantes. Aprendo que muitos vêm para o mar apenas pela grana, pois os salários são bem atrativos e as dívidas na Grécia, consideráveis.

Fico sabendo que a maioria – principalmente os que pegam no pesado – parte para os bares e as putas no primeiro porto, com a fidelidade de beatas indo à missa de domingo. Isso, quantos forem os dias que passarem em terra. Gastam o soldo quase todo e são forçados a seguir embarcados, em uma versão marítima, contemporânea, do regime de semiescravidão que sujeitava os seringueiros da Amazônia na virada do século 20.

Todos reclamam da monotonia das longas travessias e do ambiente psicológico criado pelo isolamento. Terei oportunidade de observar isso de perto, com a vantagem de estar de certa forma habituado a períodos de silêncio e isolamento.

Afinal, passados seis dias, zarpamos do que agora me parece um nauseabundo Porto de Santos. Na hora da partida sinto pela primeira vez o que é deixar a própria terra e se lançar por paragens estranhas e longínquas. Cinco pássaros sobrevoam o cais nº 30 e segredam que depois dessa aventura não serei mais o mesmo.

Começo a me acostumar com o forte e enjoativo odor de graxa e óleo diesel queimado, que disputa com a onipresente maresia o domínio do olfato.

Em três ou quatro dias, no máximo, alcançaremos a África do Sul. Uma vez lá, desceremos até o Cabo das Agulhas, que iremos contornar para então subir pela costa oriental, passando entre o continente e a Ilha de Madagascar. Segundo as previsões, o mar estará calmo e tratarei de aproveitar, pois o barco segue bem suave, quase sem balançar.

Continuo com a impressão de que isso tudo não está acontecendo.

"Fico muito feliz em ver você realizar por mim um sonho antigo, filho. Na juventude, eu sonhava em viajar para bem longe em um navio de carga", comentou meu velho à mesa do jantar, poucas noites antes da viagem. A revelação me surpreendeu e deixou feliz, eu nunca imaginara isso. Creio que todo jovem tem alguma vez um desejo parecido, mas agora a coisa está acontecendo, e comigo. Interessante e um tanto esquisito vivenciar a passagem do sonho à realidade. Sensação intensa, alegria sem fim.

Ilha flutuante

Durante a noite o mar piora bastante, o barco joga tão forte que não consigo dormir. Já tomei o Dramamine, mas o enjoo permaneceu e me deu um sono danado. Tentarei passar sem ele.

Todos os beliches são equipados com cintas largas de couro que o pobre do tripulante, cansado da labuta do dia e desesperado por algumas horas de sono, tem de afivelar ao corpo para não cair da cama. Atado como uma múmia e sacudido como um drinque na coqueteleira, tento descansar.

Pela manhã, apesar de tudo, consigo praticar um pouco de Yoga. Subo ao passadiço depois do desjejum e me deparo com curiosa expectativa, mal disfarçada no olhar dos companheiros de bordo. Creio que decepciono a turma, pois mal ou bem consegui dormir e pareço inteiro. Dizem-me que, mesmo se o mar ficar mais agitado, não deverei sentir nada. Exageram ou estão de gozação, logo saberei.

O primeiro dia completo de viagem é muito bom, considerando minha relativa inexperiência.

Aos 15 anos, já tinha feito com a família o trajeto entre o Rio de Janeiro e Fortaleza, no saudoso *Princesa Isabel*. Mas, como de costume em navios de turismo, com o mar agitado a velocidade era reduzida e os estabilizadores – imensas "asas" submersas – acionados para reduzir o desconforto dos passageiros. Os cargueiros frigoríficos, por transportarem itens perecíveis, dão prioridade à rapidez e, não importam as condições do mar, priorizam sempre as rotas mais curtas. A carga humana que se lixe. Felizmente, as condições de navegação estão excelentes, e o tempo, limpo e bonito.

A essa altura, constato que qualquer excesso de líquido é fatal. No café da manhã, bebo para logo em seguida devolver três copos de leite e, de quebra, os pães e a manteiga.

Aprendo que o melhor a fazer após as refeições é subir para o passadiço e pegar a brisa. De outra forma, o estômago começa a reclamar e sou obrigado a deitar e dormir para não enjoar. Isso dura apenas três ou quatro dias e logo, logo o organismo se acostuma, tornam a dizer meus companheiros. "Amém", penso, solidário com as mulheres grávidas deste mundo. E tomo mais um comprimido.

O *Asteri* é um barco de primeira linha e, aos poucos, estou me apaixonando por "ela". Sim, os navios são tratados no gênero feminino pelos homens do mar.

Nada como contemplar a imensidão do oceano por todo o redor e a infinidade de estrelas no céu para constatarmos a posição que nos corresponde aqui na Terra: um milionésimo de um grão de poeira cósmica, se tanto.

Terceiro dia de mar. Como o tempo é todo de lazer, trato de organizar um programa de atividades para o dia: cortar as pernas das calças de brim e lavá-las. Amanhã, costurar as bainhas.

Vou para a parte descoberta do passadiço e, embalado pelo Dramamine, lagarteio ao sol em uma espreguiçadeira emprestada pelo capitão. Depois, sigo o roteiro e lavo as recém-fabricadas bermudas, assim como os tênis, que ficaram cheios de lama depois da pelada que jogamos no cais em Santos um dia antes de zarpar.

Toda semana recebemos um pacote de sabão em pó e cada um tem um balde em seu banheiro, de maneira que lavamos nossa própria roupa. Há uma lavanderia, mas como os maquinistas também a utilizam, a chance de manchar a roupa toda de óleo e graxa é de quase 100 por cento.

Desperto às 4h30 e fotografo o esplendoroso nascer do sol. Faz um tempo excelente e quase não se sente o balanço.

Ontem, ficamos eu e o imediato conversando. Ele se abre um bocado. Tem interesse em Yoga, mas diz faltarem a força de vontade e a oportunidade para praticar. Faço uma hora e meia de exercícios e depois do desjejum vou pegar sol e vento na proa.

O Atlântico Sul é quase inefável, de um azul profundo, belíssimo. Nossas condições têm sido ideais e a velocidade média varia de 17 a 18 nós, pois o navio está abarrotado de carga. O tempo mais quente traz uma brisa deliciosa que entra pela escotilha.

Passo a imaginar como será a vida na Índia, antegozando minhas experiências nessa viagem que mal começou.

As primeiras mudanças que observo estão ligadas à alimentação. Quase não tenho comido coisas doces e sempre há frutas na sobremesa. Muita azeitona e azeite, muito queijo feta, de cabra, bastante salgado. Apesar da dieta improvisada, a digestão vai bem.

Coisas inusitadas começam a acontecer nos relacionamentos interpessoais. Enquanto os que foram desde logo mais receptivos vão ganhando intimidade, outros, que faziam pouco dos meus hábitos estranhos, começam a se aproximar e a puxar papo. Tento ser simpático sem excessos, ficar na minha e ver o que acontece. Todos querem ser notados e, mesmo que me julguem um jovem idiota com pretensões à santidade, se perguntam: qual é a desse cara? Então, vêm se chegando e mostram o lado humano, frágeis e carentes de um ouvido amigo como os demais.

Os longos papos com o capitão revelam um sujeito pragmático, culto e com uma visão de mundo bastante pessimista. Desde nosso primeiro contato, houve o acordo tácito, silencioso, de não se falar em Yoga. Pois ontem à noite ele veio perguntar a respeito. Não me fiz de rogado e tratei de expor o assunto sob um prisma mais científico, ajustando a mensagem ao interlocutor. Se consegui ser convincente ou não, nunca saberei, mas tenho certeza de que o interesse foi fruto da minha atitude de não deixar que a aversão inicial do sujeito ao Yoga empatasse o relacionamento.

Outro diálogo muito rico marcou o dia. Nesta "ilha flutuante" que é o navio em uma longa travessia, como definiu Nicholas, o bom de papo oficial de radiotelegrafia, a melhor maneira de passar o tempo é conversar, colocar para fora, exercitar a empatia. Foi assim que o taifeiro, Meletti, 32 anos, revelou sua história. Exilado da Grécia por suas convicções comunistas, foi parar na Argentina, onde, após 10 anos, conseguiu a cidadania. Estava já no terceiro ano de Sociologia quando, novamente pelo idealismo extremado, foi expulso pelo regime militar.

Apesar de revoltado por ter de ganhar a vida como taifeiro, diz que não tem outro jeito. Desabafa sobre a injustiça social e mete o pau nos milionários gregos, que "não fazem nada pela Grécia nem pelo povo". Demonstra uma cultura geral impressionante e fala com desenvoltura sobre política, filosofia e sociologia. Soube, depois, que ocupava uma posição de respeito no partido comunista de sua terra.

Triste destino, o do Meletti. Com qualificação de sobra para poder ganhar a vida com menos sacrifício, é forçado a lavar pratos para sobreviver. Ironicamente, acha uma merda a vida que leva, mas defende a igualdade de condições para todos.

Zero hora

Estamos a zero grau de longitude, no Meridiano de Greenwich – a zero hora exata do Observatório Real, em Londres. Oriente adentro, portanto, e quase na metade do percurso. O mar ficou diferente e a temperatura baixou bastante. Logo atingiremos a Cidade do Cabo e tomaremos o rumo nordeste, para a costa oriental africana e Madagascar.

Acordo bem disposto e abro mão do desjejum para uma caprichada sessão de Yoga e, pela terceira ou quarta vez, vivo um fenômeno curioso. Logo depois de fazer *halāsana* (a pose do arado), ao baixar as pernas para relaxar, sinto um forte calor por toda a região do períneo. Nada psicológico, é um fogo de verdade, no rabo e entre as pernas.

Lembro da maneira como meu professor de Yoga no Rio, Vayuananda, um argentino de coração grande e humor ferino, costumava despachar os discípulos mais imaginativos. Sempre que indagado se o calor que diziam sentir nas zonas mais baixas durante a prática das posturas não seria o ansiado despertar de *kundalini*, fulminava: "Melhor procurar um proctologista, pois devem ser hemorroidas."

Para que os desconhecedores do assunto não percam a piada, *kundalini* é como se chama a energia cósmica primordial, simbolizada por uma serpente enroscada na base da coluna vertebral. Quando despertada ou desbloqueada, ela circula entre os centros energéticos do corpo sutil, ascendendo desde a região do períneo até o topo da cabeça, onde induz a expansão da consciência.

Tenho tido os sonhos mais loucos e sempre que acordo custo alguns segundos para lembrar onde estou. É como quando a gente dorme pela primeira vez em um local estranho, desperta no meio da noite e se espanta por não estar em casa. Os enredos variam, mas predominam o Colégio Zaccaria, alguns colegas do tempo das calças curtas e um ou dois padres; meu pai, meu camarada Nelson e a família. Outro sonho recorrente é que perco o navio e entro em pânico. Ao acordar, um imenso alívio.

"Faltam agora 10 dias para chegar ao Kuwait, e o organismo já se ressente da dieta maluca. Hoje à noite, comi pão com manteiga e couve-flor com limão, um doce turco muito gostoso feito com massa folhada bem fininha recheada com pistaches e coberta com mel – o *baklava* – e uma maçã. Não fossem as maçãs e os iogurtes, a vaca já teria ido para o brejo. Também ajudam as saladas de pepino, alface ou repolho cru que sempre servem no almoço, nas quais mergulho, "com a gana de um ruminante esfaimado", tal como registro no meu diário.

Concluo a folha de pagamento do *Asteri* na máquina de escrever do capitão. Sim, na falta de melhor a fazer e como deixei escapulir de minha língua grande que sou datilógrafo, não tenho como recusar o convite para "dar uma mãozinha, só para passar o tempo".

De repente, por incrível que possa parecer, estamos estacionados em pleno Atlântico. Depois de 11 dias, o problema mecânico até que cai bem, alivia o sufoco da viagem. Enquanto são feitos os reparos na máquina, me divirto chupando bala e vendo o tempo passar. E como custa!

Logo mais, devo me juntar pela primeira vez com a cachorrada – o imediato, o eletricista e o oficial de rádio – para beber umas cervejas. Até aqui, fiel à minha disciplina, vinha resistindo bravamente aos reiterados convites. Esvaziamos seguidas garrafinhas de marcas e nacionalidades diferentes. Destaque para uma Tuborg dinamarquesa, excepcional. Nicholas fica bêbado com duas; Alex bebe apenas uma e me cobra: "Mas você, professor de Yoga, bebendo tanta cerveja?". Tinha razão, mas não dou o braço a torcer. Injustamente indignado e com a veemência característica de quem não assume a culpa no cartório, dou o troco e insinuo que ele está se portando como um fanático.

Passo tranquilo mais este vigésimo dia de dezembro, quando minha irmãzinha Patrícia completa 15 primaveras sem a presença do irmão que partiu para a Índia. Na cabine do comandante, bato à máquina até o meio-dia e concluo o inventário de peças do motor do navio e anexos. Julgo ter feito um bom trabalho e vou dormir satisfeito.

Os *āsanas* (posições) que tenho praticado são simples, mas eficientes. Faço sempre os mesmos exercícios, basicamente, mas troco a ordem e acrescento ou suprimo um ou outro, dependendo da ocasião: *maha-sakti-āsana, gupta-dhyāsana, bhujangāsana, halāsana, yoga-mudra, pascimottanāsana, ardha-sirshāsana* e *shavāsana*.

Invariavelmente começo as séries com um movimento análogo a *agni-sara-krya*, de pé mesmo, para revigorar a zona abdominal e o diafragma, além de estimular *jatharagni*, o fogo digestivo. Arremato com o *samanu-pranayama* e 20 minutos de silêncio mental.

Sinto cada vez mais necessidade de retiro e de quietude, mas nem um nem outro são possíveis. Alex, o eletricista que diz aspirar a poderes mágicos, é um bom camarada. Porém, como diz o Nicholas, é um tagarela. Ignora qualquer sinal de impaciência do interlocutor e não consegue refrear a compulsão. Tentou me arrebanhar e tive de me refugiar no camarote, bem antes da hora de deitar. Domingo, seu dia de folga, sai em busca de possíveis vítimas – é preciso ficar esperto para não ser capturado.

Aprenderei depois que a fala é um dreno poderoso de nossa preciosa energia; o segundo maior, depois da visão. Conforme li, não me lembro onde, responde por 15% da energia que consumimos diariamente para interagir com as pessoas e o mundo exterior. Não por outro motivo, no Yoga Institute é recomendado ao menos um período diário de *mauna*, a guarda deliberada de silêncio, que praticávamos desde o despertar até depois do desjejum – e resolvi estender por conta própria, de tão bem que faz.

Se já soubesse de tudo isso, teria tentado doutrinar o Alex, sugerindo a boca fechada como passo preparatório e indispensável para a levitação e outros superpoderes que ele tanto almeja.

Mar abaixo, céu acima

O sol africano fustiga o convés. Céu e mar belíssimos, um poente cinematográfico. Pela primeira vez, avisto o continente e algumas outras ilhas de cartão-postal. Pelo binóculo do imediato, em alta definição, os areais escaldantes e a vegetação esparsa – palmeiras e outras plantas do gênero. Já posso dizer que vi alguma coisa da África. Navegamos agora a 21,5 nós e se continuarmos assim o dia todo faremos um bom progresso.

Anteontem, Alexandres, o bem-falante eletricista, apareceu na cabine interessado em aprender alguns exercícios. Ensinei a técnica do relaxamento total consciente, *shavāsana*, a postura do cadáver. Pelo ávido interesse que já havia revelado em poderes paranormais e afins, tive a impressão de que saiu um tanto decepcionado da sua primeira experiência com Yoga – quem sabe, esperava levitar durante a prática...

Ontem conversei rapidamente com Georgius, 26 anos, terceiro oficial. Disse-me, pedindo reserva, que não suporta mais a vida no mar e que pretende cair fora assim que chegarmos ao Kuwait. Vai para a Grécia e, de lá, para a Austrália, onde sua garota o espera para se casarem. Quer ganhar a vida na Austrália e não fica mais no *Asteri* por dinheiro nenhum.

Não é o primeiro a contar uma história parecida. Para os jovens gregos, me parece, trabalhar em navios é uma forma de juntar alguma grana e poder se estabelecer em outro negócio ou lugar qualquer.

Conversei também com o capitão, que falou sobre o proprietário do *Asteri* – um bilionário grego que vive na Suíça e possui dezenas de outros navios, negócios diversos na indústria e no transporte ferroviário. O tal magnata resolveu ficar com uma mulher, só que ela era casada com um médico que, além do mais, era grande amigo dele. Para compensar o infeliz, deu-lhe de presente um consultório de luxo e ficou tudo certo. Negócio de gregos. Por sinal, o *Asteri*, um dos muitos navios da frota do grupo Eugenidis, vale US$ 8 milhões. E o armador tem apenas 30 anos de idade!

O mar se encrespa e a noite é penosa, com a embarcação jogando muito e o sono interrompido a cada onda maior. Pela manhã, depois do desjejum, o enjoo retorna, mas o imediato me arranja um fortuito serviço externo – raspar ferrugem no tombadilho – e logo me recupero.

Estamos próximos do Cabo das Agulhas, onde deveremos encarar as piores condições da rota. Até aqui, tenho sido "um passageiro sortudo", nas palavras do capitão Yerassimos Antypas.

Durmo quase nada com o mar agitado e o navio aos trancos e barrancos, a noite toda afivelado ao beliche, em busca de posição para dormir; quando a encontro, o dia já está claro e é hora de levantar.

Os piores momentos são quando o barco caturra: ao encarar o vagalhão, a proa é projetada para o alto e boa parte dela fica exposta no ar por brevíssimos instantes para em seguida tombar de volta na água, em uma sucessão de pancadas muito fortes e ruidosas. Tem-se a impressão de que o casco não vai aguentar o tranco e o navio irá se partir ao meio. Com esse mar terrível, não faço outra coisa senão os exercícios respiratórios e o silêncio mental. Consigo dormir das 10 às 12 horas e resolvo tomar banho, pois se insistir em escrever talvez volte a ficar zonzo.

A coisa aos poucos melhora e o trecho entre a Cidade do Cabo e o Cabo das Agulhas é vencido – o mais turbulento de todo o percurso.

Durmo muito bem, como feito doido e ouço Jim Capaldi e o Traffic no rádio do refeitório, que agora está sintonizando a África do Sul e boa música *pop* inglesa.

Percorremos a metade da distância até o Kuwait e tudo vai às mil maravilhas. Sinto falta do Brasil, da minha casa e da minha gente, mas ainda não posso me dar ao luxo de sentir saudade.

Creio que as batatas e o arroz combinados com o pão branco já me adicionaram uns bons quilinhos. E como que antevendo o regime de baixa caloria na Índia, me inspiro no camelo, que estoca gordura na giba para suportar jejuns prolongados.

À tarde, surgem novidades: um imenso tubarão-martelo, bem debaixo dos nossos narizes. Estávamos eu e o imediato Panayotis e, de repente, ele me apontou o peixe: é emocionante apreciar, em pleno hábitat, o animal que conhecemos apenas de livros e filmes. É como na primeira vez em que visitamos o zoológico e nos deparamos ao vivo e em cores com o tigre, a onça ou o elefante.

Mas o melhor do *show* vem logo depois: algumas dezenas de golfinhos nadando todos faceiros ao lado do *Asteri* e surfando as marolas produzidas pelo barco. Um espetáculo da natureza logo interrompido pela soturna passagem, a curta distância, de dois monumentais petroleiros da Shell que acompanho em detalhes pelo binóculo.

O mar está uma maravilha e navegamos agora pelo Canal de Moçambique, entre o continente e Madagascar. O canal é larguíssimo e não se consegue avistar bulhufas, nem da costa nem da ilha.

Passados 10 dias no mar, começam a aflorar nos habitantes da "ilha" as idiossincrasias de outra forma escondidas nas profundezas pessoais – as tensões internas, o descontentamento, as frustrações. À medida que o tempo escorre, os prazeres vividos em terra logo dão lugar à depressão. Como o exercício da vida interior não é o forte da turma, a rotina de bordo torna-se um osso ainda mais duro de roer. Já perdi a conta dos que me garantem ser esta a sua viagem final, e parece que o pensamento – "esta é a última" – serve ao mesmo tempo de consolo e de injeção de ânimo.

Mas ao retornarem à Grécia, em Piraeus, topam com os amigos casados ou morando em outro lugar, as namoradas comprometidas com outros caras, desconhecidos como vizinhos de porta. Enfim, não encontram o que haviam deixado e lá se vão de novo, no primeiro barco, rumo a outros portos com os mesmos cabarés, as mesmas putas e a mesma bebida barata.

Esse retrato pode parecer pessimista, mas é o que emerge de conversas com o radiotelegrafista, o capitão, o *bosun* (corruptela de *boatswain*, ou contramestre) e um bom número de outros tripulantes. As circunstâncias, é claro, não são iguais para todos. O capitão, por exemplo, tem esposa e duas filhas para sustentar e diz não imaginar outra forma de ganhar dinheiro.

A figura do solitário e meditativo lobo do mar, de cachimbo na boca, debruçado sobre o timão na ponte de comando, tão frequente nas histórias de aventura, vista de perto forma um quadro bem menos romântico.

De fato, não parece agradável a vida de bordo. Como me observa o comandante, a maior parte do tempo se resume a mar abaixo e céu acima. Para a maioria dos profissionais que abraçaram a marinha mercante a poesia acaba nas primeiras viagens e só resta a monotonia.

Zorba dança no Equador

Dia 23 de dezembro, aniversário de minha saudosa e inesquecível avó Carmita. Torço para que esteja em paz e possa retornar ao nosso convívio o quanto antes, se for verdade, como creio, a teoria da transmigração das almas.

Ontem à noite, desci à sala de recreação dos oficiais para uma limonada noturna e topei com uma árvore de Natal toda iluminada, adornada com a infalível fita vermelha de Merry Christmas. Como a maior parte da tripulação se compõe de lobos solitários, temo que depois do rango e da bebida reste pouco do espírito natalino.

O tempo ganha ímpeto, perto da meta final. Concluo *O homem que caiu na Terra*, de Walter Tevis, e inicio *Dinheiro*, de Arthur Hailey, ambos em português, presenteados por meu pai.

Desço para o almoço resignado com as massas, batatas, pão, azeitona, salada de pepino e queijo feta que sei estarem à minha espera. Pouco apetecedor, nessa temperatura ainda bem quente. Mais ao norte é inverno e, a partir de depois de amanhã, o clima já estará mais ameno, talvez faça frio no Golfo Pérsico.

Cruzamos o Equador. O imediato cumpre o ritual e pede que eu fique atento para não atropelarmos a linha. Gaiato, de gancho em punho, finge içá-la no momento preciso da passagem.

É Natal. Os pensamentos voam para o lar, os pais, as irmãs e os amigos, todos mais felizes nesta noite. Aqui no *Asteri*, o pessoal da cozinha, os marinheiros e a cachorrada em geral começam a beber a partir do meio-dia, embalados por música *pop* grega de gosto duvidoso para um garoto que ama os Beatles e os Rolling Stones.

No cardápio da ceia, fico sabendo, haverá salada russa, vinho e, quem sabe, champanhe. A festa é cheia de alegria genuína, todos à mesma mesa. "Enfim, um dia de democracia!", resume Meletti, em seu emocionado discurso de improviso, possivelmente mais inspirado pelo vermelho da decoração que pelo espírito de Noel.

A comida e a bebida rolam fartas, confraternizo até onde o bom senso e o medo da ressaca recomendam e saio, tão discreto quanto possível, antes do final. Mais tarde, desço para avaliar os danos e encontro quase todos já bêbados, com destaque para o honorável capitão, que atesta também no copo a superioridade hierárquica. Semitrôpegos, os homens ensaiam passos do *sirtaki*, a dança de Zorba, cheios de sentimentalismo e nostalgia.

No dia seguinte, a rebordosa se soma ao calor no Oceano Índico perto da entrada do Golfo de Áden. O ar-condicionado à meia-boca não dá conta do recado e tenho de manter as duas janelas abertas para aproveitar a brisa.

Devemos chegar ao Kuwait no dia 29, ao meio-dia. Torço para que o agente local do Lloyd tenha conseguido meu visto de trânsito para a Índia. Passo a imaginar não só o encontro com os amigos Glória e Walter como também minha chegada ao Yoga Institute.

Continuo sem me dar conta direito do quão longe estou de casa e do que a vida me reserva nos próximos meses, em pleno Oriente. Começo a esboçar uma síntese dessa etapa que está prestes a se completar. Camaradagem, fraternidade, superação de diferenças são as primeiras coisas marcantes que me ocorrem. Da Grécia ou do Brasil, somos potes do mesmo barro.

Ainda que na superfície, sinto ter captado um tanto do modo de ser e de sentir dos gregos. Meus três mais novos amigos de infância (Nicholas, Panayotis e Alex) fornecem seus endereços e telefones em Piraeus, insistindo que os procure, caso eu vá à Grécia.

Antecipo saudades da minha confortável e agora familiar cabine e dos bons companheiros de todos esses dias de mar.

Aprender a andar

Pouco antes da entrada do Golfo Pérsico, a paisagem se diversifica, pontilhada por navios e embarcações de todo tipo, além das plataformas de extração de petróleo.

Desde a tarde anterior, ao longo da costa de Omã, ficou fácil avistar a terra a olho nu. A antes emocionante visão de terra firme, agora trivial, logo perde a graça. Não há vegetação propriamente dita, mas blocos rochosos e arenosos imensos, de bases largas e topos planos.

Este deverá ser o último dia completo de viagem. Nosso ETA (*estimated time of arrival*, ou horário previsto de chegada) é às 12 horas do dia 29 de dezembro.

Cai a ficha de que este diário é na verdade um grande monólogo em que me dou conselhos, me faço confidências e encontro um silencioso e leal companheiro. Brasileiro, como eu, e muito solidário.

Preferiria passar o Ano Novo a bordo, pois estou entre amigos – apesar de, em última análise, estranhos. Se o *Asteri* demorar mais do que dois dias, farei o possível para partir somente após o *réveillon*.

"Quando a gente chegar ao Kuwait e você vir as pessoas e o lugar, então, e só então, vai se dar conta da loucura que fez", diz-me o capitão. Não posso deixar de sorrir, pois no gracejo entrevejo boa dose de realidade.

Bem, chegamos – mas não chegamos. Ancorados bem em frente à cidade desde as 11 da manhã, não podemos atracar, pois há muitos barcos na fila de espera. Mais uma vez, o remédio é assumir uma atitude receptiva e deixar que as coisas se resolvam por si.

"Você tem de deixar de correr e aprender a andar", assinalou dona Emmy de Mascheville, a astróloga que formou no Brasil toda uma geração de consultores das estrelas, ao analisar minha carta natal em um encontro *en petit comité* na casa de Vayuananda e Eneida, na noite anterior à minha partida. E tenho tido oportunidades de sobra para esse aprendizado, a começar pela demora absurda na saída de Santos.

O dia passa sem novidades. Nada interessante, após 21 dias no mar, olhar as luzes da cidade sem poder desembarcar. Na sala de recreação, assisto ao canal oficial de televisão, o único de Al-Kuwait. Todos os comerciais são de produtos importados.

Penúltimo dia deste excepcional ano de 1975. O último lugar do mundo onde eu poderia me imaginar nesta data seria Al-Kuwait, em pleno Golfo Pérsico. A noite foi muito fria, mas agora o sol esquenta e faz uma linda manhã. Às 12 horas, sobe a bordo um fornecedor para abastecer de alimentos o navio. E traz péssimas notícias: não existe a menor chance de conseguirmos atracar antes de 10 dias!

Resta-me a esperança de pegar carona até o porto no bote de um prático autônomo. A possibilidade existe, pois, além de mim, há mais três tripulantes que retornarão à Grécia de avião – e é quase certo que exerçam pressão sobre o capitão para desembarcarem antes.

De toda forma, se essa viagem poderia me ensinar a deixar de correr, a coisa passou da conta, pois a esta altura já começo a engatinhar, quase sem esperança de deixar o navio antes de pelo menos outra semana.

Consolo-me com as vantagens da ancoragem: sem balanço, o sono é tranquilo. O clima favorece: à noite fez 14º C e agora o termômetro marca 20º C. A umidade de 90% é muito alta e, para um carioca, a temperatura mais baixa chega a incomodar.

Estou com medo de perder a aula de abertura do curso, agendada para 5 de janeiro: conto com a providência divina – no caso, com as graças de Alá – para me safar desta situação. E inseguro, também, com a burocracia árabe e indiana, pois em minha partida às pressas acabei deixando o Brasil sem um carimbo sequer estampado no passaporte, apenas promessas...

Após tantos dias embarcado, não é nada agradável ficar sem ter o que fazer dentro de um navio ancorado, olhando a cidade a, no máximo, 2,5 quilômetros. É certo que passarei o Ano Novo a bordo.

Consumi tudo o que havia para ler, inclusive alguns exemplares antigos da *Seleções do Reader's Digest* emprestados pelo capitão. O jeito agora é escrever, praticar uma hora de Yoga matutina e outra vespertina... e esperar. A temperatura cai para 7º C. Muito frio.

Refém de Alá

Inicio o último dia do ano tratando de fazer tudo com calma e capricho. O tempo é uma criação da mente. E se é impossível mudar os fatos, sempre podemos calibrar a forma de encará-los.

Só às 5 da tarde me inteiro das novidades: pela manhã, finalmente apareceu o agente do Lloyd e disse que voltará para buscar meu passaporte a fim de obter o visto de trânsito no Kuwait e o de estudante para a Índia.

Temo pela burocracia indiana. Ainda no Brasil, a embaixada retivera meu passaporte em Brasília durante duas semanas para depois devolver o documento intacto. Eu embarcara sem nenhum visto, na expectativa de regularizar a situação no Kuwait. Que Alá seja louvado!

Chegaram as provisões e voltaremos a ter frutas frescas e verduras, que não víamos há um bom tempo. Estão dizendo que iremos encostar no cais em somente mais dois ou três dias e torço para ser verdade.

Os árabes estão bastante conscientes do poder dos petrodólares. Administram a seu bel-prazer os navios que chegam aos portos do Golfo Pérsico. Aqui, por exemplo, como não há espaço no cais para mais de 10 embarcações de cada vez, simplesmente deixam as que não interessam na ancoragem por uma, duas semanas. Em Daman e Dubai, o tempo mínimo de espera é de 30 dias; em Jeddah, pode levar até três meses!

Quando o porto está congestionado, como acontece com frequência, dispõem dos cargueiros frigoríficos como imensas geladeiras flutuantes: quando precisam de algum gênero específico, liberam a atracação do navio que o transporta. Quanto aos demais barcos, permanecem na fila pelo tempo que for necessário. Dinheiro para indenizar as agências de navegação e seus clientes eles têm de sobra.

1º de janeiro. Na virada do ano, todos os navios ancorados começam a apitar e alguns soltam fogos, um espetáculo audiovisual. Nostálgico, tento contatar pelo rádio da ponte de comando um conterrâneo porventura a bordo de alguma embarcação nas redondezas, mas nada feito.

No *Asteri* há uma ceia à meia-noite, da qual participo com parcimônia, pois já havia bebido algumas taças de vinho com os amigos. Apesar do esforço coletivo, ninguém consegue esconder a tristeza que é passar o Natal e o Ano Novo embarcado.

Passo o dia folheando revistas antigas, dormindo e agora, à meia-noite, bebo dois copos de leite dinamarquês e como três maçãs de origem desconhecida. O organismo se ressente dos excessos recentes. À tarde, recebo uma excelente nova: assim que o navio-irmão *Syros* acabar de descarregar e partir, o *Asteri* atracará no mesmo cais. O *Syros* também pertence à frota da Eugenidis e chegou aqui poucos dias antes da gente.

A temperatura continua baixa: em média, 15º C durante o dia e 4º C à noite. A umidade do ar hoje foi de 91% – se esse índice fosse considerado ao pé da letra, estaríamos virtualmente respirando água.

"Segundo dia de 1976; trigésimo primeiro a bordo do *Asteri*; e quarto nesse maldito ancoradouro. Como é sexta-feira, dia de oração dos muçulmanos, não haverá atividade no porto. Amanhã, o agente virá a bordo novamente e aguardo novidades sobre meu passaporte. Mal posso esperar para embarcar no primeiro voo para Bombaim", registro em meu diário.

O almoço é todo ele sátvico: uma maçã gigante, meio litro de leite e dois *baklava*, uma delícia turca imperdível, feita com massa folheada, pistaches, nozes e mel. Explico: segundo o Samkhya, uma das seis filosofias tradicionais da Índia, toda a matéria (*prakriti*) é regida por três atributos básicos e complementares (os *gunas*). São eles: *sattva*, que representa, entre outras qualidades, a energia em estado puro e a clareza mental; *rajas*, a energia do movimento e da ação; e *tamas*, associada à inércia e à ignorância. O equilíbrio entre esses três princípios deve ser buscado pelo estudante de Yoga a partir da dieta. Entre os alimentos sátvicos, que purificam o corpo, acalmam a mente e por isso são os mais indicados, incluem-se os brotos das plantas, as frutas e os vegetais frescos, os grãos integrais, o leite e o mel.

Finalmente, sobem a bordo os representantes locais do Lloyd e uma autoridade portuária; árabes, todos os três, e trajados a caráter. Parecem saídos de um comercial de sabão em pó – o branco imaculado das túnicas chega a ofuscar a visão. São recepcionados com pompa e circunstância pelo capitão e oficiais, na ponte de comando.

Para surpresa geral, sorrindo de orelha a orelha e de braços abertos, sem sequer lançar um olhar aos demais, o líder da comitiva vem direto em minha direção, imagino que por eu ser moreno e barbudo, como ele. Abraça-me, caloroso, e me dirige a palavra em árabe. Cala-se no instante seguinte, ao perceber em um relance a cruz de prata pendurada em meu pescoço: fecha a cara e me dá as costas bruscamente, irritado e constrangido pelo equívoco que o expôs ao ridículo diante dos companheiros.

Percebo que cometi, mais do que um deslize, uma ofensa imperdoável. E temo as consequências. Se existe um símbolo que o povo daqui despreza é o do cristianismo. O horror das Cruzadas, ao que parece, permanece na memória atávica dos locais.

Caminho livre

5 de janeiro. O representante da agência de navegação ainda não retornou para buscar meu passaporte e levá-lo à embaixada da Índia. O navio está quase descarregado e deve partir no máximo em dois dias. Meu tempo está contado e a ansiedade só faz crescer.

Pela manhã, o funcionário enfim retorna com o sinal de "más notícias" estampado na testa. Por algum motivo que ele e os gregos ignoram, mas no íntimo sei bem qual é, a imigração não quer liberar meu trânsito no território árabe. Diz que se conseguirmos o visto indiano é quase certo que os árabes me deixem desembarcar, desde que eu siga direto do cais para o aeroporto. Pede que eu escreva às autoridades indianas uma carta de próprio punho explicando a situação, e a leva com ele.

Redobro as orações, mas, apesar de ainda confiante no final feliz, começo a me preparar para prosseguir com o *Asteri* até o seu destino final, Piraeus. Meus amigos ficam entusiasmados com a possibilidade. A tal ponto que o imediato, que está com casamento marcado na Grécia, me convida para participar do cruzeiro à vela pelas ilhas gregas que ele já tem programado para a lua de mel. Iríamos, os recém-casados, a irmã – segundo ele, moça belíssima e interessada na filosofia oriental – e eu.

Tal qual um cachorro que balança o rabo diante de uma perspectiva prazerosa, fico todo animado com a ideia, já fantasiando momentos idílicos e apaixonados sob o luar do Egeu.

Naquela mesma noite, o noivo me convida para tomarmos umas cervejas e detalharmos os planos. Estende mapas sobre a mesa, fala da beleza de tal e tal ilha – enfim, um sonho a nossa viagem. À medida que o álcool faz efeito, explica, didático, quão a sério os gregos levam a família e a castidade das moças solteiras. Algumas doses mais, agora tempestuoso qual um Netuno ensandecido, agarra meu braço, me fuzila com os olhos azul-marinho e adverte: "Nem pense em tocar na minha irmã!".

Minha fantasia romântica morre ali, tão rápido quanto nasceu. Longe de mim terminar meus dias nas profundezas do Egeu, assassinado por um grego furioso em nome da honra e do amor fraterno.

Do convés, acompanho os trabalhos no porto. Os estivadores, todos eles indianos, paquistaneses, africanos e que tais, vivem em condições precárias. Comem e dormem em tendas improvisadas ao longo de toda a extensão do cais e, à noite, a sucessão de fogueiras acesas em linha reta lembra as luzes de sinalização de uma pista de pouso.

Os cidadãos do Kuwait, descendentes das tribos que habitavam a região e reconhecidos pela consanguinidade, somam menos de um quarto da população. Assim como nos demais emirados árabes, eles não precisam trabalhar, pois recebem ajuda generosa do governo e têm participação compulsória de 50% em qualquer negócio que um estrangeiro resolva empreender por ali.

Eis uma utopia singular, o reino onde os governantes doam dinheiro aos súditos em troca apenas de sua lealdade.

À tarde, após uma espera agonizante, aparece o agente do Lloyd em pessoa. O jovem e engravatado sueco busca me tranquilizar dizendo que, assim que obtiver o meu visto para a Índia, escreverá ele próprio uma carta às autoridades kuwaitianas, solicitando meu trânsito do porto até o aeroporto.

E a vida segue. Aprendo com os gregos a preparar uma receita de café que resulta em algo bem parecido com o mate da praia, delicioso e revigorante. Em uma coqueteleira ou frasco pequeno vazio, coloca-se a quantidade desejada de água gelada, uma ou duas colheres de chá cheias de Nescafé e açúcar à vontade. Sacode-se bem, até ficar espumante. Está pronto o refresco de café!

Alá é generoso. O agente finalmente retorna e me leva, sob tutela, até a embaixada da Índia, pois fazem questão de uma entrevista pessoal antes de carimbar meu passaporte. Uma vez lá, sou submetido a um último constrangimento. O burocrata indiano, ciente do meu desespero, me trata com soberba. Questiona as minhas intenções em Bombaim e faz pouco do Yoga – para mim, uma decepção, pois achava que a disciplina era altamente reputada no país onde nasceu. Fingindo não acreditar na minha história, me pede que a comprove plantando bananeira no meio da sala.

Disfarço a indignação e engulo a raiva. Digo que posso fazer a demonstração, mas como acabei de comer o desjejum e o estômago está cheio, corro o risco de vomitar no belo tapete persa estendido no chão.

O sujeito não esconde o desagrado, carimba ruidosamente um visto de turista para três meses e, com um ríspido aceno de cabeça em direção à porta, me convida a sair.

Da embaixada seguimos direto para o aeroporto, onde a muito custo consigo reservar assento em um voo da British Airways que parte no dia seguinte para Bombaim.

A notícia da minha liberação circula rapidamente no navio: um a um, meus amigos me procuram para se despedirem; os mais próximos, visivelmente emocionados. Meletti e o *bosun* chegam a chorar. O capitão me deseja boa sorte e me brinda com uma caixa inteira de *baklava*.

Um povo com os sentimentos à flor da pele, os gregos. Sentirei saudade.

Na mesma tarde, o imediato me empresta seu passe temporário e, com três outros tripulantes tão ou mais irresponsáveis do que eu, me aventuro em um passeio clandestino pela cidade. Deparo-me, então, com um perfeito paradoxo. Nas ruas, carros importados de alto luxo, concessionárias da Rolls-Royce, lojas das melhores grifes europeias e construções moderníssimas, mesclados com tendas que vendem cédulas, moedas e ouro, bazares castigados pelo tempo, barraquinhas de comida (de higiene duvidosa), lambretas fumacentas dos anos 1950 e pedestres de todas as partes do mundo nos trajes mais exóticos. Uma balbúrdia de deixar doido qualquer neófito ocidental.

O primeiro contato com o Oriente é atordoante, um choque de realidade no sentido mais restrito do termo. Difícil conceber as condições, decerto bem piores, que trouxeram gente de outras terras para tentar a sobrevida aqui.

Era uma outra pessoa, a que retornou ao *Asteri* para a última noite a bordo. Amanhã, enfim, a Índia e o Yoga Institute.

2

NO LAR DE PATANJALI

Santacruz East

No aeroporto de Al-Kuwait, a confusão de sons, aromas, cores, tipos e trajes bizarros que já me surpreendera na breve incursão da véspera pela cidade evolui para um *patchwork* étnico muito além da imaginação.

A alvura dos poucos caucasianos que circulam pela área de embarque sobressai entre os múltiplos tons de pele orientais: amarelos, vermelhos, pardos e negros de todas as nuances.

Dos alto-falantes, rádios de pilha e conversas excitadas a toda a volta, a algaravia que chega aos ouvidos faz lembrar a Torre de Babel e serve de trilha sonora para o cenário fantástico.

Um casal de ingleses sentado ao meu lado puxa papo, curioso sobre a minha presença ali. Entre outras amenidades, esclarecem a razão de ser quase impossível conseguir, sem o mínimo de antecedência, assento nos voos das outras duas empresas que, além da Kuwait Airways, fazem o mesmo trajeto. É que na Air India e na British servem bebidas alcoólicas: livre da abstinência forçada, a turma bebe de cabo a rabo no percurso e chega ao destino no maior fogo. O proibido só atiça o desejo.

Além do azul celeste profundo a dominar a paisagem, restam do voo para a Índia duas recordações dignas de nota: o forte odor corporal dos passageiros mais próximos, abafados dos pés à cabeça em seus trajes de beduíno; e os numerosos grãos de areia do deserto esquecidos nos assentos, *souvenirs* que denunciam os inóspitos hábitats e origens de boa parte de meus ruidosos companheiros de bordo.

No aeroporto de Bombaim, localizado no subúrbio de Santacruz East, onde também fica o Yoga Institute, novo sobressalto: estúpido que sou, não lembrei de anotar e trazer comigo o endereço do destino, só recordando o nome do bairro, Prabhat Colony. Após muita luta e com a ajuda de um indiano solidário, consigo o endereço e um táxi devidamente instruído para me levar até lá.

No trajeto, veículos de todos os tipos imagináveis – alguns motorizados e outros puxados por animais e humanos – abrem passagem no grito e na marra. Por incrível que pareça, o tráfego flui (embora totalmente desgovernado) mostrando que, não havendo outro jeito, se instala a harmonia no caos. E como buzinam!

Vistos da rua, os três prédios baixos e bem conservados do Yoga Institute, incrustados no meio de um amplo pomar – formando o *compound*, no inglês peculiar, que por vezes soa arcaico, falado aqui –, sobressaem dentre a maioria das construções da vizinhança, pobres e em condições precárias.

Em um dos prédios funciona o instituto, no andar de baixo, e mora a família Yogendra, no inferior: Shri Yogendra (o Founder), sua esposa, Sita Devi (a Mother), o filho Jayadeva (Doctor), sua jovem e linda esposa Hansa Ji e o pequeno Patânjali, filho do casal. No outro edifício, destinado aos hóspedes, alojam-se os alunos residentes. Em um terceiro, fica o *bhavan* – um grande espaço coberto para a prática de Yoga tanto pelos residentes quanto por frequentadores do instituto. No andar de cima desse prédio existem algumas acomodações recém-inauguradas para hóspedes.

Na recepção, sou atendido por Doctor Jayadeva, que é o gestor do instituto. Novo sobressalto: não receberam nenhuma carta de recomendação e eu não era esperado. Dá a entender que, nessas circunstâncias, não poderia me aceitar como interno. Procuro manter a calma e, após longa e penosa entrevista, em que conto um pouco de minha vida e como cheguei ao Yoga, ele volta atrás e decide aceitar o brasileiro.

Divido o aposento para onde sou conduzido com um jovem alemão da minha idade, Hans Joachim Vogel. Ele está fazendo o curso de seis meses com a irmã, Brigitte. Vieram de Heilbronn e foram recomendados por seu instrutor e mentor Gerhard Unger, um ex-aluno que é muito querido por aqui e mantém laços estreitos com o instituto. De volta à terra natal, Gerhard estabeleceu em Nuremberg, em um amplo apartamento alugado, o Institut für Klassische Yoga.

Sou apresentado aos outros estrangeiros residentes – 12 estudantes de origens e idades variadas – e muito bem acolhido. Além de mim e dos irmãos alemães, tem um australiano, dois finlandeses, duas holandesas, uma inglesa, uma canadense e um casal de americanos. Também há dois indianos no curso de formação de instrutores, de janeiro a julho, mas eles só vêm para as aulas e não dormem no instituto. Alguns vão ficar apenas por alguns meses, mas também participam das aulas do curso para instrutores.

No café da manhã do dia seguinte, respondo a uma batelada de perguntas, a começar sobre como vim do Brasil até aqui. Todos ficam intrigados com a história do navio cargueiro para o Kuwait e, pela expressão facial, alguns demonstram não saber bem se acreditam ou não.

Os novaiorquinos Natasha e Robert Sherman, que, após concluírem o doutorado em psicologia, decidiram aprofundar os conhecimentos com um ano sabático na Índia, se mostram curiosos com a minha pronúncia e o meu vocabulário, segundo ela, mais rebuscado do que poderia imaginar para um jovem latino-americano. Também se surpreendem ao saber que já tenho um diploma de instrutor de Yoga – apesar de ser o caçula do grupo, sinto no íntimo o orgulho do veterano.

À tarde, eu e Hans vamos de trem até a cidade fazer algumas comprinhas essenciais: sandálias de borracha, dois pares de camisas e calças de *khadi* – um tecido de algodão rústico branco, muito confortável, o "uniforme" no instituto –, uma toalha de banho e um bloco de papel de carta. Compramos também bananas, maçãs, *chikoos* (sapotis) e uns pés-de-moleque.

Atalhamos o caminho da estação ferroviária atravessando uma favelinha minúscula, que calculo abrigar no máximo umas 200 almas. O cheiro de excremento humano e de galinha é forte e incomoda. Os animais circulam à vontade, ciscando o chão dentro e fora das habitações improvisadas com sobras de papelão e trançados de palha, tão toscas que nem de barracos podem ser chamadas.

Décadas depois, essa mesma favela é mostrada na belíssima panorâmica de abertura do filme *Quem quer ser um milionário?* E cresceu tanto, que quase alcançou a pista do aeroporto. A julgar pela imagem atual, impressionante, imagino residirem ali, se não centenas, dezenas de milhares de pessoas.

De passagem, vemos mulheres de cócoras catando piolhos na cabeça dos filhos, lavando roupa em bacias ou preparando algum alimento. Em meio a essa miséria, é intrigante observar que quase todas têm os corpos adornados com pulseiras e tornozeleiras de prata cheias de guizos, que tilintam a cada movimento.

A comida aqui é muito gostosa, mas quase nunca sei direito o que me servem na bandeja de aço, daquelas que se usam em refeitório industrial.

Comemos sempre no mesmo aposento, todos sentados no chão, de pernas cruzadas, usando apenas uma colher ou as próprias mãos. São cinco refeições diárias: o desjejum, que pode ser doce ou salgado; alguma surpresa oferecida por Mother, no meio da manhã; almoço; lanche com leite ou coalhada rala e frutas, à tarde, e, para jantar, em geral, uma sopa.

As refeições principais são normalmente acompanhadas de *chapatis* (uma espécie de pão árabe feito com farinha integral moída) ou de *pooris* (pãezinhos fritos inflados, parecidos com pastéis). Preparadas com esmero na cozinha do anexo de hóspedes, elas são parte essencial do método ensinado no Yoga Institute e o principal momento de descontração dos internos.

Os amigos Glória e Walter me telefonam e combinamos uma visita. Levarei a maleta lotada de latas de leite condensado que trouxe do navio. A encomenda inusitada da minha mecenas para a filha e o genro causou rebuliço, ao ser detectada pelos raios X do aeroporto de Al-Kuwait. Sob os olhares tensos dos oficiais de plantão, fui obrigado a abrir a mala para mostrar que não estava transportando armas nem explosivos.

Ontem, Doctor Jayadeva, como é chamado pelos alunos, me disse que achava difícil eu conseguir aplicar a metodologia do instituto no Brasil. Queria uma espécie de garantia de que eu não iria adulterar os ensinamentos preservados com tanto zelo pela família. Fundado em 1918 por Shri Yogendra, o instituto é o mais antigo centro organizado de ensino do Yoga clássico no mundo.

Almoço e vou caminhando até a estação, onde tomo o trem para Powai, rumo ao *ashram* (retiro espiritual) fundado por Shri Chinmayananda, e ao encontro de Walter e Glória. Felizes e hiperexcitados, querem que eu fique por lá mesmo estudando aquela que, na sua opinião, é a mais evoluída das seis escolas da filosofia clássica indiana – o Vedanta.

Levam-me para passear pelo jardim do *ashram*, gigantesco e cheio de árvores belíssimas, e tentam convencer o amigo de que o Yoga não traz a liberação final da alma (*moksha*), que é apenas um método de purificação da mente (*chita*) e, como tal, incapaz de levar o praticante além do plano físico.

Ouço, paciente, mas me esquivo da discussão filosófica, excessivamente cerebral para o meu gosto, e, no íntimo, fico com meu Yoga.

Sanatório de almas

O jardim do Yoga Institute é grande, bonito e muito bem cuidado. Habitado por coqueiros, mangueiras, goiabeiras, diversos tipos de plantas ornamentais e perfumado com seus frutos ao longo das estações do ano, serve também de abrigo para pássaros de variadas espécies – entre eles, o que parece ser uma comunidade de corvos imensos, agitados e bastante ruidosos.

Após as refeições, os residentes costumam passear pelas aleias para fazer a digestão.

Já se passaram dois dias.

Tenho aproveitado tanto quanto possível a variedade e o preço atraente das frutas de todos os tipos, vendidas na feirinha permanente a poucos minutos a pé do instituto: sapoti, manga, goiaba, caju, jaca, maçã, laranja, banana e uva, para citar as que conheço.

O único cuidado é lavá-las muito bem ou comer sem a casca, pois o risco de infecção intestinal é sempre altíssimo por essas bandas. O mesmo mal que os latino-americanos conhecem como a "vingança de Montezuma" já vitimou diversos internos estrangeiros no instituto, a começar pelo meu amigo Raul Pedreira, que passou acamado boa parte de sua temporada aqui.

Hoje é domingo e a principal atividade é a palestra do Founder no *bhavan*, pavilhão bem amplo e arejado que fica aberto ao público da manhã ao anoitecer para a prática do Yoga, sempre sob a orientação de um instrutor. Shri Yogendra, 79 anos, é uma pessoa notável, impressionante tanto pela sabedoria quanto pela simplicidade e permanente bom humor.

Ontem, no Sandeepani Sadhanalaya, conheci Swami Dayananda, por quem Walter e Glória têm verdadeira veneração. Ele é muito simpático e cordial, e me recebeu nos seus aposentos, interessado em meus planos aqui na Índia.

Sem consulta prévia ao principal interessado, Walter já tinha se antecipado e pedido a Swami Chinmayananda, líder do centro vedantino, que me aceitasse lá, e eu recebera o sinal verde. A única coisa que não levaram em conta é que meu destino e minha direção eram o Yoga Institute. Tenho desde já a impressão, que espero confirmar, de que este é o lugar que eu procurava.

Vamos eu e o Hans à praia de Juhu, depois do almoço, e andamos bastante pela areia. A água é meio amarronzada e não dá vontade de mergulhar, mas o passeio valeu. Alguns camelos mal-cuidados, raquíticos e um tanto fedorentos, puxados por tratadores em não muito melhores condições, são oferecidos aos turistas para pequenos passeios e fotos obrigatórias, mas recusamos.

Compramos depois algumas frutas e voltamos para o *ashram*, que é um oásis de paz em meio à agitação da vizinhança.

De fato, dentro do instituto é como se estivéssemos em um mundo paralelo, onde o tempo e as pessoas se comportam de forma diferente, quase em câmara lenta. Fala-se baixo, move-se com vagar, e a atitude geral é de comedimento, estudo e introspecção.

Trato de compensar as aulas perdidas com método e obstinação (mais obstinação do que método) e espero estar atualizado com o curso em mais 10 dias. No quarto, onde tenho uma escrivaninha, um pequeno guarda-roupas e duas cadeiras à minha disposição, leio e faço anotações em um pequeno caderno, após as aulas.

Estou lendo os livros de Shri Yogendra, satisfeito e aliviado por não encontrar nenhuma divergência do que aprendi no Rio com meu professor, o argentino Ovídio Juan Carlos Trotta, Vayuananda (Vayú, para os íntimos). A denominação dos āsanas é praticamente a mesma e até aqui só encontrei duas diferentes.

As atividades diárias começam com uma aula de filosofia por Doctor Jayadeva, na parte da manhã. Hoje ele tratou dos nove obstáculos no caminho do Yoga, enumerados pelo sábio Patanjali no trigésimo versículo de sua síntese filosófica, os *Yoga Sutras*.

Os *antarayas*, como são chamados, são as principais distrações da consciência (*cittavikshepa*) que impedem o avanço do discípulo: *vyadhi* (doença), *styāna* (inércia), *samsāya* (dúvida), *pramāda* (pressa), *ālasya* (desânimo), *avirati* (distração), *bhrantidārsana* (arrogância), *alabdhabhumitakva* (inconstância) e *anavhasthitatvani* (instabilidade).

À tarde, temos aulas práticas. Três vezes por semana, elas são ministradas por Shri Yogendra em pessoa, que, em palestras normalmente de uma hora, compartilha experiências e conhecimentos no seu estilo ferino, direto ao ponto e quase sempre hilariante.

Uma peculiaridade do instituto é o fato de todas as conversas serem interrompidas, a intervalos regulares, pelo som ensurdecedor das turbinas de jatos que decolam ou aterrissam no aeroporto vizinho. Ao longo do dia e até certa hora da noite, há um protocolo tácito que é seguido à risca por todos, e com o qual logo trato de me acostumar. Assim que um avião começa a se aproximar, o diálogo é interrompido de imediato, mesmo que no meio de uma frase, para ser retomado tão logo o ruído diminua. Com o tempo e a repetição, esse exercício bizarro acaba por se transformar em uma disciplina de controle do ego e da mente, de entrega e mansa resignação ante algo que não se pode modificar.

A alimentação bem leve e saudável, associada à atmosfera do lugar – tão tranquilo quanto imagino ser uma clínica de enfermos do corpo e do espírito –, já começa a surtir efeito e a desfazer a primeira impressão, assustadora, de que eu não conseguiria me adaptar.

Sinto-me diferente daquele sujeito agitado, ansioso e intoxicado que chegou aqui apenas cinco dias atrás.

Dupla prova

Por questão de privacidade, tenho feito minhas práticas – em geral, uma hora e meia pela manhã, e mais outra, antes do jantar – dentro do quarto ou no terraço. Desta feita, resolvo experimentar o *bhavan*, onde no final da tarde Doctor Jayadeva orienta pessoalmente os praticantes, com séries adequadas às necessidades de cada um.

Busco um canto discreto e aguardo instruções, ansioso para exibir minhas habilidades. Doctor logo se aproxima e me diz para sentar e aquietar a mente. Assumo minha posição habitual para os exercícios de meditação, *padmāsana* (a pose do lótus). Ele interfere com firmeza e pede a postura fácil (*sukhāsana*), que, apesar do nome, não era a que eu estava acostumado.

Algo me diz que ele quer pôr à prova minha humildade e obediência. Sou deixado ali por pelo menos 40 minutos, o dobro do tempo que eu normalmente ficaria. Depois de meia hora, as pernas começam a ficar dormentes e a mente fica ainda mais agitada com o inusitado da situação. Mais alguns minutos, o corpo inteiro começa a tremer de cansaço. Parece que a agonia não vai acabar nunca, quando finalmente meu algoz se aproxima e me sinaliza que deite para relaxar. Que alívio!

No dia seguinte tenho uma entrevista com Jayadeva e, ao saber que estudo jornalismo, ele sugere, como parte do meu programa de treinamento, que o ajude a finalizar um caderno didático para instrutores do Yoga Institute. Pede que eu escreva um ensaio sobre qualquer tema ligado ao Yoga e lhe mostre quando estiver pronto.

Aos poucos, vou me aproximando de Doctor. Homem de poucas palavras, ele inspira amor fraterno e está sempre sereno e de bom humor. Sua mulher, Hansa Ji, é muito doce, bonita e simpática; e o filho do casal, Patanjali, um moleque de apenas sete meses, já bastante esperto.

Depois da palestra da tarde, faço uma breve autoapresentação ao grupo, agora formal, e parece que me saio bem.

À tarde, Robert Sherman, o Bob – um nova-iorquino de seus 30 e poucos anos, doutor em psicologia, que veio estudar Yoga como complemento de sua formação –, vem até o meu quarto. Ele quer aprender comigo algumas técnicas mais avançadas de *pranayama* que não são ensinadas aqui. Como mal o conheço, e ele já está sob os cuidados de Jayadeva, fico pouco à vontade para atender ao pedido e me esquivo tão gentil quanto posso. Ele não esconde a frustração, mas nada diz. Fico sem saber direito se agi bem e deixo a resposta para o tempo.

Yoga, uma atitude de vida

A maioria das pessoas que se matriculam em uma academia de Yoga busca, sobretudo, um refúgio onde escapar, por pelo menos uma hora, do cotidiano agitado e da poluição física e mental que caracteriza nosso estilo de vida urbano.

No caso, a prática do Yoga começa quando você entra na academia e termina à porta de saída. De um lado, os maus hábitos, as neuroses e a vida quase sempre desprovida de um sentido maior, transcendente. De outro, o silêncio, a tranquilidade, a energia – um autêntico paraíso em que tudo ganha novas cores. Sem dúvida, a simples prática dos *āsanas*, *pranayamas* e relaxamento já irá trazer benefícios terapêuticos. Mas será mesmo esse o principal objetivo do Yoga? Serão 60 minutos, duas ou três vezes por semana, suficientes para proporcionar o melhor que essa ciência milenar tem a oferecer?

O desafio, portanto, é como preservar a atmosfera do Yoga fora da academia e manter o foco e a serenidade alcançados durante as práticas. Infelizmente, bem poucas pessoas estão dispostas a fazer o esforço necessário para introduzir outros aspectos do Yoga em suas vidas diárias, em uma efetiva autorreeducação. Na verdade, apenas por um esforço sincero, orientado para uma nova atitude diante da vida, é que podemos obter o melhor do Yoga.

    Com o tempo e a prática, o resultado dessa disciplina será uma consciência mais apurada de si próprio e dos que estão ao redor, que atuará como escudo protetor. Só assim o Yoga não ficará limitado ao espaço de uma sala. Será uma experiência infinitamente mais ampla, influenciando todos os planos de vida e ajudando a nos transformar em pessoas de verdade.

Entrego o texto a Jayadeva e, em troca, sou incumbido de receber o grupo do professor Jean-Pierre Bastiou, meu amigo e colega do Rio de Janeiro, o autor da carta de recomendação que não chegou. Todos os anos, ele promove uma viagem à Índia para seus alunos e outros interessados, e a visita ao instituto é um dos pontos altos do programa. Minha missão é apresentar o lugar e falar sobre o que aprendemos aqui.

O fio da meada

Resolvo anotar, em um caderninho à parte, as aulas que temos com Dr. Jayadeva sobre os *Yoga Sutras* todas as manhãs. Nas palestras, além de discutir os comentários dos sábios que, expandindo e buscando esclarecer a linguagem extremamente sintética de Patanjali se debruçaram sobre os aforismos do autor, temos ainda o privilégio de conhecer o ponto de vista pessoal e a experiência de nosso professor.

Além de nascido e criado em uma família de iogues e ser ele próprio um iogue, Jayadeva Yogendra é Ph.D. em filosofia e possui vasta cultura geral. Como integrante da elite intelectual do país, por mais de uma vez foi convidado para cargos no governo, mas preferiu permanecer no instituto e dar continuidade ao trabalho iniciado pelo pai, o fundador.

De início, fiquei indeciso sobre a conveniência de copiar suas palavras, seguindo o exemplo de quase todos os meus companheiros. Mas optei pela não transcrição, por minhas experiências anteriores com palestras sobre temas filosóficos. Acho humanamente impossível anotar ou taquigrafar uma palestra e, ao mesmo tempo, absorver o sentido das palavras, ainda mais quando se trata de um assunto complexo como os *Yoga Sutras*.

Mais ainda, o que nos chega de uma palestra não são apenas palavras, é também a força (*prana*) do emissor. Essa energia fica gravada na consciência, se você está realmente prestando atenção ao que ouve em vez de ficar preocupado em não perder uma palavra no caderno.

Creio que, ao longo do tempo, à medida que se desenvolver e ampliar minha compreensão, esses dados e explicações irão se apresentando à consciência, pinçados do arquivo da memória para se tornarem realmente úteis.

Desse apanhado de notas sobre a filosofia Yoga, espero produzir não um caderno de significantes, mas de significados, para usar a linguagem de Saussure. Assim, começo pelo início, pelo fio da meada, de onde se origina toda a posterior compreensão do assunto.

Nos primórdios da civilização, por volta de 2 mil anos antes da era cristã, surgiram os Vedas, escrituras sagradas a início transmitidas oralmente que versavam sobre os aspectos materiais do culto, das tradições religiosas e das formas de adoração das divindades da natureza.

Vieram então os *rishis* (em sânscrito, "aqueles que veem"), como são chamados os sábios da antiga civilização indiana, considerados os patriarcas ou progenitores da humanidade. Foram esses seres espiritualmente realizados que dissecaram os ensinamentos dos Vedas a fim de extrair sua essência filosófica, suas mensagens mais elevadas – as *Upanishads*.

Essas mensagens afirmavam, em termos gerais, a existência de um plano mais elevado de consciência, acima e livre das limitações da matéria. Enfatizavam, sem ir muito além, a coexistência da matéria e do espírito. Constituíam máximas de ensinamento metafísico, mostrando aos homens como transcender a condição transitória da matéria para atingir a consciência de uma realidade absoluta.

Os textos não entravam em detalhes, não discutiam se os espíritos eram pretos ou brancos ou se o universo era real ou irreal. Uma coisa apenas era comum a todos eles: a existência de uma realidade absoluta, de uma consciência superior.

Acontece que surgiram diferentes explicações para o verdadeiro significado dos *Upanishads*. Esses pontos de vista, ou *darshanas*, vieram a fundamentar as seis escolas tradicionais do pensamento filosófico indiano, reconhecidas por terem se originado da mesma fonte – o conhecimento irrefutável dos *rishis*.

Pelo momento, interessam somente os sistemas Samkhya, de Kapila; e o Yoga, de Patanjali, que são o objeto das palestras de Jayadeva. Entretanto, como é frequentemente citado e comparado ao Yoga, o Vedanta de Shankaracharya (Adwaita Vedanta) também é contemplado nas discussões.

De novo, havia as *Upanishads* e a necessidade de ordená-las em um método, de criar-lhes uma estrutura filosófica, dar-lhes um sentido uniforme. Kapila desenvolveu o seu sistema metafísico, o Samkhya, partindo da premissa de que o universo tem causas e efeitos determinados e passíveis de uma explicação racional e numérica. Em linhas gerais, o Samkhya pressupõe a existência de uma infinidade de espíritos (*purushas*) que buscam a autorrealização por meio da associação com a matéria (*prakriti*), em um fenômeno denominado *samyoga* (união).

Prakriti é uma só e existe unicamente em função do espírito. Os *purushas* são pura consciência, em número infinito, e para se reconhecerem como tal precisam associar-se a *prakriti*. Esse processo de associação, seus efeitos, tudo o que se refere ao carma e à autorrealização espiritual são esclarecidos por Kapila em seu tratado.

Essas e outras questões serão aprofundadas ao longo do curso.

Brasileiros

A visita dos brasileiros foi bastante agitada e teve momentos inusitados, como era de se esperar. Recepcionado por Shri Yogendra em pessoa, no *bhavan*, Jean-Pierre Bastiou causou *frisson* e diria que uma ponta de constrangimento ao lançar-se, buquê de flores em punho, aos pés do anfitrião, encenando a tradicional saudação do discípulo ao *guru* (do sânscrito, "aquele que dissipa as trevas").

Como no instituto o único guru tratado e reverenciado como tal é o mestre do Founder, Shri Paramhamsa Madhavdasji – sempre presente e à vista de todos em foto antiquíssima na parede da recepção –, o gesto de meu amigo pareceu-me um tanto exagerado. Mas é certo que a cena impressionou a comitiva, toda ela de conterrâneos bem de vida deslumbrados com o exotismo da Índia e as coisas do espírito.

De fato, eu pertencia à quarta leva de brasileiros no curso de formação de instrutores do Yoga Institute, inaugurada por Vitor Binot no final da década de 1960. O francês Bastiou, que, apesar do sotaque ainda bem carregado, já estava radicado no Brasil havia muitos anos, frequentara o instituto em 1973, seguido por Orlando Cani, que mais tarde se notabilizou pela criação da Bioginástica – uma mescla dos conhecimentos do Yoga com a experiência acumulada como atleta de elite (na juventude, foi campeão de pentatlo militar).

Dois alunos do Binot, Paulo Salles Guerra e Raul Murilo Curvo, junto com meu amigo e colega de academia, o fotógrafo Raul Pedreira, participaram da classe de 1975, entre janeiro e julho. Foi o Raul quem me recomendou o curso.

Bastiou veio com a mulher, Tereza – sua *shakti*, como me fora apresentada por ele próprio tempos antes, no Rio. No hinduísmo, é assim que se denomina a representação feminina da trindade divina: Parvati é a *shakti* de Shiva; Lakshmi, a de Vishnu; e Sarasvati, a de Brahma. Já na cosmologia, Shakti simboliza o princípio feminino da energia e da ação, que se complementa com o princípio masculino, da pura consciência (Shiva).

Os dois foram muito atenciosos e carinhosos comigo. Na despedida, Bastiou me chamou a um canto do jardim para uma conversa em particular e me ofereceu, quando eu regressasse ao Brasil, uma sociedade na sua academia de Copacabana, que eu passaria a dirigir. A oferta me deixou surpreso e orgulhoso; agradeci, mas deixei a decisão em aberto, para não magoá-lo.

Bastante excitados, após a palestra do Founder, meus compatriotas dispersaram-se pelo jardim, tirando fotos de tudo e de todos, alheios à atmosfera quase monástica do instituto. Quando finalmente partiram, deixaram no ar um rastro de burburinho que só se dissipou horas depois.

Aos poucos, vou me familiarizando com os colegas do curso de seis meses. Meu companheiro de quarto é um cara supersensível, músico (trouxe duas flautas, uma doce e uma transversa) e, para ser sincero, o primeiro jovem da minha idade em quem julgo reconhecer muito mais qualidades e aptidão para o Yoga do que as minhas.

À noite, a convite de um médico da vizinhança que é amigo dos Yogendra, fomos assistir a uma espécie de festival religioso – a encenação de uma luta em que Brahma, Vishnu e Shiva, a trindade divina do hinduísmo, disputam qual o mais poderoso.

Apesar das esforçadas explicações do médico, que tentamos acompanhar em meio a uma algazarra infernal, perdemos muito do significado da peça, mas o colorido dos trajes e as fotos valeram a pena. O ambiente lembrava um circo do interior brasileiro, com personagens rica e coloridamente adornados, para ser breve.

Passo a maior parte do dia seguinte na rua. Bob e Natasha me convidam a dar um pulo até a esquina para tomar o meu primeiro *lassi*, essa bebida deliciosa com a qual irei estabelecer uma relação íntima e proveitosa durante toda a estada na Índia. Não obstante as precárias condições de higiene como é preparado e vendido na rua, e da sempre suspeita procedência do gelo utilizado, o drinque nunca me fará mal: ao contrário, será principalmente com a ajuda dele que, nos meses seguintes, conseguirei preservar a saúde, apesar da magreza excessiva.

Instalado em uma tendinha improvisada sobre a calçada, o ambulante tira de um imenso tacho de cobre assentado no chão nacos bem firmes de coalhada de leite de búfala e os joga dentro de um pilão alto de madeira, onde acrescenta açúcar e gelo picado. Bate a mistura até ficar liquefeita e serve em um copo alto de vidro, adornando o topo com uma generosa fatia de nata que ele destramente retira da superfície do tacho. Mais gostoso, nutritivo e refrescante, impossível.

À tarde, vamos ao templo de Ramakrishna assistir a uma linda cerimônia devocional, toda cantada e tocada, muito emocionante e inspiradora, apesar de não entendermos bulhufas do que ouvimos.

Um novo dia no instituto. Bato um longo papo com Doctor, à tarde, e esclarecemos alguns pontos sobre atitude e motivação. Seus conselhos são preciosos, pois vêm de alguém que vive desde cedo a experiência do Yoga e, principalmente, *walks the talk* (age de acordo com o que diz).

À noitinha, aula prática de *konāsana* (a pose do ângulo) e *chakrāsana* (a roda). Gosto mais da parte teórica sobre os benefícios, mas a técnica adotada aqui me parece um tanto mecânica e rápida, com pouca permanência na posição.

Impressões

São agora 9 da noite e continuo sob o impacto da palestra de Shri Yogendra sobre minhas dúvidas e convicções. Abriu a conversa dizendo que nós, jovens estudantes de Yoga dos tempos modernos, não devemos ficar frustrados por não atingirmos o *samadhi* – a última das oito etapas do processo, quando o total controle das modificações da mente possibilita estados superiores da consciência e a almejada liberação do espírito. E, tampouco, ficar ansiosos pela graça do guru.

Como claramente explicou, é impossível varrermos da cuca todo o condicionamento e tendências latentes: eles são muito mais fortes e resilientes do que podemos imaginar. Resta-nos tocar nossas vidas da melhor forma e deixar que as coisas corram por si mesmas.

Essas palavras chegam no momento certo, pois tenho me perguntado seguidamente por que, apesar de ter aqui no instituto as condições ideais, não consigo varrer o "lixo" mental e absorver-me totalmente no aqui e agora.

De fato, os *samskaravāsanas* – as marcas impressas no psiquismo pelas ações e pensamentos passados – pesam bastante na balança. Mantidas em estado latente, essas marcas determinam a tendência das ações e dos pensamentos presentes e futuros, o que dificulta o avanço do aspirante na trilha do Yoga.

Como disse Shri Yogendra, se todos os dias lembrarmos como éramos e vivíamos ao começar a estudar e praticar o Yoga, já teremos motivos de sobra para ficar satisfeitos e deixar que o tempo faça o seu trabalho.

Essa foi a primeira vez que uma palestra do Founder me tocou tão fundo, talvez porque minhas convicções tenham andado meio abaladas diante da grande opção: deixar tudo para trás e tornar-me um iogue ou resignar-me a uma vida equilibrada e saudável, tratando de transmitir o pouco que aprendi e deixar que o tempo se encarregue de minha evolução.

Pelo que tenho ouvido e, no íntimo, já creio saber, a segunda escolha é a mais prática e provável, se não quiser me tapear. Na verdade, não desejo nem consigo abrir mão das pessoas e de tudo o mais a que estou apegado.

Dia 24 de janeiro, um sábado ensolarado em Bombaim. Na cabeça, ainda bem vivas, as palavras do Founder na véspera. Dirigindo-se ao grupo com os olhos por mais de uma vez voltados para mim, disse que, ao regressarmos para casa, devemos ter em mente, o tempo todo, que escolhemos o caminho que é melhor para nós. Que não importa a opinião dos outros, não importa o que façam ou digam, devemos levar adiante nossa experiência, a fim de obtermos os resultados desejados.

"O iogue que escolheu o caminho do serviço vive em sociedade, sem ser da sociedade. Ele deve aprender a estar no mundo, sem pertencer a ele."

Shri Yogendra repassou os oito elementos (*ashtanga*) do Yoga clássico:

1. *Yama* (preceitos de conduta externa): *satya* (verdade), *ahimsa* (não violência), *asteya* (honestidade), *aparigraha* (desapego) e *brahmacharya* (continência sexual).
2. *Niyama* (observâncias internas): *saucha* (purificação), *santosha* (contentamento), *tapas* (disciplina), *svadyaya* (autoestudo) e *ishwara pranidhana* (autoentrega).
3. *Āsana* (postura).
4. *Pranayama* (controle da energia por meio da respiração).
5. *Pratyahara* (abstração dos sentidos).
6. *Dharana* (concentração).
7. *Dhyana* (meditação).
8. *Samadhi* (contemplação).

Alertou também sobre os perigos do fanatismo e dos excessos de todo tipo, seja no rigor da disciplina ou na autoindulgência. E, na linha tradicional do ensinamento indiano, propôs duas situações hipotéticas para ilustrar a eficácia do Yoga:

- O indivíduo está sofrendo de um mal que nenhum médico consegue descobrir. Depois de muito sofrimento, ele enfim encontra um especialista que faz o diagnóstico correto e prescreve o remédio para a cura. Mas isso de nada adiantará se o paciente não tomar a medicação. O mesmo acontece com as pessoas que descobrem o Yoga, encontram um instrutor qualificado, mas alegam ter pouco tempo para praticar. Por isso, e por nenhum outro motivo, não obtêm os benefícios.

- O cientista formula um preparo contendo oito elementos e estabelece a dosagem correta. Se a fórmula for seguida à risca, é certo que será obtido o produto desejado. Mas se por um ou outro motivo deixa-se de adicionar determinado ingrediente ou acrescenta-se em demasia algum outro, obviamente não se obterá o produto desejado. Os praticantes que privilegiam apenas as posturas, os exercícios respiratórios e algumas técnicas de introspecção, ignorando ou dando pouca importância aos *yamas* e *niyamas*, por exemplo, não irão avançar no Yoga.

Shri Yogendra é a voz da experiência encarnada. Um autêntico iogue, realizado por práticas e estudos iniciados ainda na adolescência, ele se aprofundou na filosofia de Patanjali e teve seu saber reconhecido a tal ponto que se tornou um dos amigos e colaboradores mais próximos do célebre Surendranath Dasgupta (1887-1952), considerado um dos maiores eruditos na filosofia indiana de todos os tempos.

Durante décadas, por correspondência ou em conversas que varavam noites, Dasgupta o consultava sempre que ficava em dúvida sobre as técnicas e os estados de supraconsciência descritos nos livros e vivenciados na prática somente pelos iogues. E Shri Yogendra era capaz de descrever tudo em detalhes. Um privilégio e tanto conviver com uma personalidade desse calibre e ter a oportunidade de aprender diretamente com ela.

Torno a falar em público e, dessa vez, creio que me saio bem melhor. Trato da influência que uma pessoa tem sobre as que a rodeiam; e como o esforço de um indivíduo pode auxiliar muitos outros. Cito, como exemplo, a minha própria experiência, lembrando desde os questionamentos da família quando comecei a praticar o Yoga até a aparição surpreendente do meu velho na academia, que ele acabou frequentando durante anos, com muitos benefícios.

In corpore sano

A rotina no instituto é logo assimilada. Desperto às 6, bebo um copo de água, atendo aos apelos da natureza e faço a higiene corporal básica, os *kriyas*: raspagem da língua, para eliminar a saburra; borrifo de água fria nos olhos abertos, para estimular o cérebro; e limpeza das vias nasais por duas técnicas, *jalaneti* e *sutraneti*. Na primeira, água levemente salgada é aspirada pela narina e cuspida em seguida; na segunda, usa-se uma gaze ou uma sonda fina de borracha, que é introduzida pelo nariz e removida pela boca. O objetivo é eliminar o muco e outras impurezas que gradativamente estreitam o calibre das narinas, prejudicando a respiração e reduzindo a oferta de oxigênio no organismo.

Uma vez por semana, também faço a lavagem estomacal (*vamana dauthi*), uma prática extremamente benéfica para a saúde, que ainda é pouco adotada no Ocidente. Pela manhã, em jejum, bebe-se de uma vez só cerca de um litro de água morna fervida acrescida de uma colher pequena de sal e outra de bicarbonato de sódio. Até completar a ingestão, é importante controlar a ânsia de vômito. Depois, basta obedecer ao impulso natural do organismo, de preferência usando um balde para poder observar o resultado e monitorar a evolução do processo.

Nas primeiras vezes, é impressionante a quantidade de muco espesso, de diversas tonalidades, expelida pelo estômago – resultado acumulado de anos de digestões incompletas. Com a repetição do procedimento e a adoção de uma dieta equilibrada, a água passa a sair praticamente tão limpa quanto entrou, pois a membrana mucosa já recuperou sua textura saudável.

Tenho certeza de que, se fosse uma prática usual como escovar os dentes, a limpeza do estômago ajudaria muitas pessoas a prevenir transtornos digestivos comuns, como a acidez excessiva e a prisão de ventre. Distúrbios que, ao persistirem ao longo da vida, acabam se transformando em doenças crônicas, mais complicadas e difíceis de tratar.

Sob a orientação da Mother, aprendemos o cultivo doméstico de brotos de trigo, um reforço valioso na dieta. O grão de trigo é envolvido em um pedacinho de gaze ou de algodão umedecido e cultivado dentro de um recipiente de vidro, exposto diariamente ao sol durante as primeiras horas da manhã. Os brotos vão sendo consumidos à medida que crescem. Ricos em proteína, vitaminas e sais minerais, incluem-se entre os alimentos mais puros e sátvicos.

No Yoga, os alimentos são avaliados de acordo com os resultados que produzem. Os alimentos sátvicos (brotos, frutas e vegetais frescos, cereais integrais, leite e mel) são os que fornecem energia pura, direto da fonte – a luz do sol; como não são estimulantes, constituem a dieta ideal para o estudante do Yoga. Os rajásicos, de alto teor de proteína e geradores de energia, quase sempre provêm de dietas não vegetarianas. Os tamásicos (comida requentada por mais de uma vez, conservas e produtos fermentados, entre outros) em geral se associam à lentidão mental e à má digestão.

A dieta superior seria a vegetariana, pois extrai das plantas, em primeira mão, a energia solar do processo de fotossíntese. Os carnívoros, que se alimentam, entre outros, de animais herbívoros, acabam por receber essa mesma energia de segunda mão.

Por sua vez, a medicina aiurvédica, nascida da antiga tradição indiana, classifica os alimentos pela tendência de causar calor ou frio e defende que resultados terapêuticos específicos podem ser obtidos por determinados alimentos. E o conceito de caloria já era conhecido pelos iogues há cinco mil anos, quem diria. O alimento transforma-se em fogo (*agni*) ou energia, que se mede em unidades (*matras*). Na manteiga e no *ghee* – a manteiga clarificada, feita do leite de vaca, cabra, ovelha ou búfala, parecida com a chamada manteiga de garrafa do nordeste brasileiro – há mais *matras*, e nos vegetais, menos. O que realmente chamamos de calorias são os *matras*, ou a energia combustível da dieta, que é extraída dos alimentos sólidos ou líquidos para atender às necessidades do organismo.

A qualidade do alimento afeta diretamente a saúde física e mental. Por isso, ele deve ser integral, nutritivo, de fácil digestão e não estimulante. Para uma ingestão diária de 2 mil calorias, uma dieta equilibrada é assegurada com 30% de cereais, 25% de laticínios, 20% de vegetais (diz-se que os melhores são as ervilhas, o espinafre e a berinjela), 20% de frutas e 5% de nozes e amêndoas. Moderação (*mitahara*) é fundamental: metade do estômago deve ser preenchida, ¼ guardado para líquidos e o espaço restante deixado livre para a expansão dos gases. É recomendado um intervalo de três horas e meia a quatro horas entre as três refeições principais.

Mas importante, mesmo, ainda é o bom senso, pois nem toda dieta é adequada a todo tipo de atividade, e cada organismo reage a mudanças de maneira diferente. Todo fanatismo é maléfico, pois a natureza não dá saltos: as mudanças na dieta devem ser introduzidas respeitando o tempo necessário para a adaptação do organismo, sem pressa por resultados.

"Mais importante do que entra é o que sai pela boca." Assim resumia a questão Vayuananda, meu professor de Yoga no Brasil, referindo-se aos vegetarianos radicais, tão frequentes, que, apesar do critério na seleção do que comem, continuam a fazer mau uso do poder da palavra – por exemplo, para criticar os não adeptos da dieta que resolveram adotar.

Além do silêncio mental de 20 minutos, que em geral se rotula equivocadamente de meditação, mas aqui no instituto é chamado com mais propriedade de "condicionamento", venho praticando todos os dias, pela manhã e à tarde, uma série completa de exercícios em pé, deitado e sentado: *talāsana, trikonāsana, chakrāsana, pascimottanāsana, halāsana* ou *sarvangāsana, utkatāsana, gupta-dhyanāsana* e *shavāsana*.

Quando o tempo é curto, procuro fazer à tarde os exercícios que não fiz pela manhã.

Passo o dia no *ashram* de Swami Chinmayananda com os amigos Walter e Glória. Assisto a uma palestra de Swami Dayananda para uma turma de principiantes, falando sobre os cinco invólucros (*koshas*) do ser. Depois, participamos de uma linda cerimônia, com mantras e canções belíssimas, seguida de um *sat-sanga* (em tradução livre, "encontro com a verdade") conduzido por Dayananda.

O arroubo devocional de algumas moças e rapazes ocidentais, que se destacam dos demais pela brancura da pele e a estatura, me parece um tanto exagerado. Um bom número é de americanos devidamente caracterizados – cabeças raspadas, túnicas, *malas* no pescoço etc. Eles cantam tão alto e pulam com tamanho vigor que sobressaem dos frequentadores habituais do templo.

Muitos, imagino, estão aqui fugindo do alistamento militar em casa ou tratando de reverter o efeito de excessos de substâncias proibidas, ou ambos. De toda forma, o aparente radicalismo com que abraçaram os novos credos faz pensar em lavagem cerebral.

Janto com meus amigos uma comida muito gostosa e saudável, mas bem apimentada – *curry* de legumes ensopados, *chapatis*, frutas e coalhada –, servida em um refeitório espaçoso e confortável. E mais barulhento que o do instituto, pois abriga algumas dezenas de comensais. Todos, os ocidentais inclusive, paramentados de acordo com o local e a ocasião, em vestes simples, com destaque para o branco e o laranja.

Chego ao instituto à noite, me deparo com o portão trancado e tenho de pular o muro para entrar.

Não sei se pela comida diferente da véspera ou pelo dia anormalmente agitado, acordo me sentindo meio podre e desvitalizado: uma fermentação braba nos intestinos e a garganta em péssimas condições.

Tomo dois comprimidos de carvão ativado alemão oferecidos pelo Hans e, após algum tempo, começo a me sentir melhor.

Tenho de me cuidar para não cair de cama, pois a gripe que devastou o Peter, meu colega australiano que é mestre de caratê em sua terra, e me iniciou no *vamana dhauti*, ainda está assombrando as redondezas. Ficou uma semana de cama o *sensei* gente boa, que o Bob apelidou, um tanto depreciativamente, de Vamana Dhauti-guru.

O leitor leigo irá considerar excêntrico, se não maluco, o sujeito que se preocupa tanto com a qualidade e a combinação do que come, fica atento ao aspecto e à consistência das fezes e monitora as funções do organismo nesse nível de detalhe. Mas são cuidados que, o Yoga nos ensina, podem fazer toda a diferença para a saúde física e mental, sobretudo para quem está tentando reverter alguns péssimos hábitos da "civilização" ocidental.

Vivemos como macacos sofisticados, ignorantes e indisciplinados com relação às coisas mais básicas, e por isso é importante tentar dar uma mãozinha extra à natureza.

Novo bate-papo com Doctor Jayadeva, um cara que sabe das coisas. Ciente dos meus planos de ensinar Yoga na volta ao Brasil, sugere que eu dedique algum tempo cuidando de minha segurança financeira, sem negligenciar o autodesenvolvimento, para sedimentar o que vivi e aprendi aqui na Índia. Só então, diz, deverei abrir um centro de Yoga. Simples assim.

Aniversário de Paramhamsa Madhavdasji, o guru de Shri Yogendra – uma singela reunião no *bhavan*, com discursos, música e dança devocional indianas.

Da próxima vez que saio à rua, sigo o exemplo dos colegas e compro um pote de mel e outro de manteiga de amendoim para reforçar a alimentação do instituto, que é um tanto pobre em proteína animal. Com o tempo, além da perda progressiva de peso, a gente começa a sentir fraqueza muscular.

Na verdade, o regime alimentar adotado aqui é mais adequado ao estudo e à contemplação, e não a esforços físicos maiores. Logo adoto, de bom grado, a fórmula mágica dos Sherman para driblar a fome, batizada por Bob de *banana samadhi*: após o jantar, espalho mel e manteiga de amendoim sobre um *chapati* aberto, cubro com finas fatias de banana e tâmaras, enrolo a coisa toda formando uma espécie de submarino e... *voilà*!

Fico sabendo que, com a partida de vários colegas para outras regiões da Índia e do Oriente por um ou dois meses, em breve ficarei praticamente sozinho no instituto e assumirei grande parte das responsabilidades diárias que agora estão distribuídas. Entre elas, bater às 6 horas o sino de alvorada e acionar a bomba d'água no terraço.

Gurus e vacas sagradas

Penúltimo dia de janeiro de 1976. O tempo começa a esquentar e já consigo dormir de camiseta e sem meias. Creio que serei um dos poucos que irá curtir o calor da primavera, pois a maioria dos colegas vem de climas frios e não suporta tão bem as altas temperaturas tropicais.

Continuo sem notícias de casa – até agora, as cartas que enviei não tiveram resposta. Me conformo imaginando que a turma esteja ocupada com coisas mais importantes, mas o tempo todo me enviando energia positiva.

Acabo de ser envolvido no desenvolvimento de um manual que deverá servir de modelo a todos os instrutores do instituto: *Better Living through Yoga (A Hand-Book on Teaching Simple Yoga Theory and Practice)*. Produzida pelos próprios *sadhakas* (estudantes) sob a coordenação de Doctor Jayadeva, a publicação deverá ser lançada no próximo ano e vai reunir conhecimentos teóricos e práticos básicos para o ensino do Yoga.

Dentro de pouco tempo, estaremos por aqui apenas eu e Patty (a simpática inglesinha Patricia Dyche, de Birmingham). Com isso, terei de acumular as atividades que antes eram compartilhadas por Peter, Bob e Hans.

Consegui adquirir, novinho em folha, o último exemplar restante da 6ª edição ampliada, em capa dura, de *Yoga Personal Hygiene,* de Shri Yogendra. Mais caprichada do que a atual (condensada em dois volumes pequenos, de capa mole), foi impressa em 1952, o ano em que nasci.

Assim como todas as demais obras do Founder, em 1940 esse livro foi microfilmado e encerrado na Cripta da Civilização, uma "cápsula do tempo" que deverá permanecer inviolável até o ano 8113. Construída pela Oglethorp University, em Atlanta (EUA), a cripta era considerada, à época, o maior projeto de memória histórica do mundo. E os itens nela preservados para a posteridade, selecionados por um comitê de especialistas, como as fontes de conhecimento mais autênticas contidas em livros.

Tirei boas fotos de Shri Yogendra após a palestra matinal. Sempre entusiasmado, ele considera que há gente muito boa trabalhando pelo Yoga no Brasil. Elogiou bastante meu amigo Raul, que parece ter deixado ótimas impressões no instituto.

As conversas com Doctor no escritório da recepção são mais frequentes, e cresce a intimidade entre nós. Em pelo menos duas ocasiões, talvez por força da educação religiosa, sinto o impulso de confessar meus pecados e explicar o que me trouxe ao Yoga.

Conto sobre a decepção com os padres e a Igreja Católica, os anos loucos em plena ditadura, as experiências lisérgicas, a descrença no sistema. Como se fizesse pouco caso da minha *egotrip*, a cada vez ele permanece impassível, dirige o olhar para a rua e repete as mesmas e sábias palavras: "Não tente se julgar, Luiz. Deixe que Deus se encarregue disso."

No cardápio do jantar, sopa de berinjela e batatas, *chapatis* e leite de búfala batizado com água e misturado com pedacinhos de frutas. Junto com o almoço é servida uma xícara de coalhada rala (*butter milk*). No desjejum e no lanche da tarde, sempre tem algum tipo de mingau doce ou sagu com amendoim frito e chá de capim-limão. Tudo acompanhado de *chapatis* feitos na hora. Estou pesando 63 quilos, 5 a menos de quando deixei o Brasil.

Inspirado em uma figura bem conhecida e polêmica da comunidade iogue no Brasil, escrevi um texto sobre falsos gurus. Doctor pareceu gostar muito e sugeriu que eu preparasse uma série de artigos para publicar no meu país.

Falsos gurus

Com a aceleração do ritmo nas grandes cidades e a constatação de um número cada vez maior de doenças causadas pelo excesso de estresse e os maus hábitos de vida, tende a aumentar, entre os ocidentais, o interesse por formas alternativas de preservar a saúde física e mental, entre elas o Yoga.

Infelizmente, a ciência sumarizada por Patanjali ainda é pouco conhecida e cercada de mistificação, e pessoas com as melhores intenções se arriscam a cair nas mãos de gente sem escrúpulos.

O logro começa nas livrarias, onde o interesse comercial não raro privilegia publicações de fontes duvidosas, em detrimento do conhecimento verdadeiro. Títulos do gênero *Yoga, o caminho do poder oculto* ou *Iluminação espiritual em 12 lições* têm um apelo especial para leitores desinformados ou mal orientados. Para os mais crédulos e entusiasmados, o passo provável depois da leitura é encontrar um guru, se possível e de preferência indiano ou de alguma forma relacionado ao Oriente.

Ele é envolvente, tem o olhar penetrante e sua voz bem empostada sugere força e sabedoria. Em geral, adota um nome exótico e se apresenta como o "discípulo predileto" de algum mestre desconhecido, quem sabe, da linha tântrica. Seu passado e a vida pessoal são, na maioria dos casos, cercados de mistério. Com o tempo, havendo interesse e oportunidade, o farsante convence a presa de que ela é um ser especial, que estiveram juntos antes, em vidas passadas, talvez mesmo em uma caverna nos Himalaias. Que o reencontro era há muito esperado e tem todo um significado espiritual etc. e tal.

Como de ilusão também se vive, e esse é exatamente o tipo de coisa que muita gente quer ouvir, as academias dos falsos gurus estão sempre cheias, não importa o preço da mensalidade.

Inconsequentes e vaidosos, eles não hesitam em ensinar técnicas avançadas que, se praticadas incorretamente ou sob condições indevidas, podem causar danos irreversíveis ao organismo. Com frequência, usam seu carisma e poder de influência para obter vantagens materiais e satisfazer seus desejos.

Lamentavelmente, somente quando se machuca ou tem a saúde física ou financeira afetada a vítima entende que foi tapeada e interrompe para sempre sua busca interior, restando impressões negativas e lembranças dolorosas do Yoga.

Esse quadro só mudará se as pessoas estiverem devidamente informadas. Difundir a ciência de Patanjali de modo simples e acessível a todos é a melhor maneira de erradicar noções equivocadas e combater os que exploram a boa-fé, a ignorância e a ingenuidade alheia.

Fomos visitar uma comunidade rural bem próxima do instituto que segue à risca os princípios do *swadeshi* – a autossuficiência econômica a partir da valorização dos recursos locais e da cooperação. Esse foi um dos conceitos centrais do movimento pela libertação do domínio britânico, iniciado no final do século 19 e liderado por Mahatma Gandhi na arrancada decisiva.

Distante cerca de 30 minutos de trem de Santacruz East, o pequeno povoado vive de seus próprios meios, sem máquinas modernas e com o mínimo de dependência externa. A geração própria de energia é assegurada por um imenso biodigestor; quase todos os bens, como utensílios domésticos, vestimentas e calçados, são produzidos a mão e por processos rústicos, sempre utilizando matérias-primas da região.

Para Gandhi, a organização da atividade econômica em pequenas comunidades autossuficientes, como essa, seria para a Índia a única forma de alcançar um desenvolvimento sustentável e superar seus maiores desafios: a superpopulação e a imensa desigualdade social.

Ao ver à venda, no chão, uma infinidade de sandálias, cintos, bolsas e outros artigos em couro, exalando o odor desagradável típico do curtimento incompleto, lembrei-me de que a não violência (*ahimsa*) era o princípio mais valorizado por Gandhi. Sem contar que, na Índia, a vaca é um animal sagrado. Intrigado, perguntei sobre a origem da matéria-prima e me explicaram: ali só se usa o couro de animais mortos por velhice ou doença.

Uma experiência utópica que parece dar certo sempre deixa algumas pontas de dúvida. Será mesmo possível substituir o modelo econômico prevalente no mundo por soluções localizadas como essa? Assunto muito bem explorado em obras inspiradoras e instigantes, como é o caso de *Small Is Beautiful (O negócio é ser pequeno)*, de E. F. Schumacher.

Despedidas

Dia 8 de fevereiro, um mês de instituto. De uns três dias para cá, tenho acordado encatarrado e com o nariz entupido. Após a higiene matinal, a condição parece regredir, mas se manifesta depois na forma de pigarro.

Como o açúcar contribui para a formação de muco, resolvo suspender totalmente o consumo do produto refinado, que vinha usando no leite e no chá. Adoto, em seu lugar, o *gur* – uma rapadura tosca e cheia de impurezas (pelos e palhas, entre outras), geralmente obtida do açúcar da cana. Pode ser comprado em pedaços de todos os tamanhos, em qualquer vendinha das redondezas. Uso para adoçar a limonada e refrescar o calor, que só faz aumentar.

Informam no escritório que alguém virá me visitar, mas não tenho a menor ideia de quem seja. Serão os ingleses do aeroporto do Kuwait? Logo descubro que se trata de Nilda Mesquita, uma professora de Yoga de Brasília, muito simpática, que estava no grupo do Jean-Pierre Bastiou. Ela vem direto de Delhi com o marido, o Pimenta, para participar do treinamento de três semanas para reeducação de hábitos – o 21-Day Better Living Course. Estão equipados com filmadora, gravador e máquina fotográfica, mas não falam inglês. Ficam desanimados ao saber que o curso não fornece diploma.

Aguarda-se a chegada de novos brasileiros.

Doctor me incumbe de iniciar um jovem japonês, Ida, em alguns exercícios de Yoga. Ele chegou ontem à tarde, é recém-graduado em Economia e não fala uma palavra de inglês. A missão parece impossível, mas fazemos um esforço e conseguimos nos entender. Em uma folha de papel, escrevo as palavras-chave em inglês e ele procura no dicionário. Então, quando compreende o significado, abre um largo sorriso e fica todo entusiasmado. Não consigo imaginar melhor treinamento para um futuro profissional da comunicação do que ensinar técnicas de Yoga a um japonês que não fala inglês.

Alziro, um jovem mineiro residente no Rio de Janeiro, que também veio para a Índia com o grupo de Bastiou, chega para uma temporada no instituto. Ele é gente boa e trouxe uma bolinha de futebol, que usa para fazer embaixadinhas no recém-inaugurado terraço do *bhavan*, onde foram construídas acomodações adicionais para hóspedes.

Dentro de mais dois dias baixará por aqui um segundo japonês que vai participar, juntamente com o Ida, do curso de uma semana. Doctor me incumbe de cuidar deles e do casal de brasileiros, durante os 60 minutos matinais diários que todos têm de dedicar ao serviço desinteressado (Karma Yoga). Deverei orientar ambos em algum trabalho no jardim e prepará-los para o curso, que começa em três dias.

No grupo de treinamento de uma semana de que Nilda e Pimenta participarão, tem uma indiana muito atraente, chamada Uma. Fico bastante instigado, mas resolvo evitar a distração, até porque o ambiente não é, por assim dizer, o mais adequado a aventuras do gênero.

Continuo dedicado de corpo e alma ao caderno didático. Na quarta-feira, Bob e Natasha interrompem o curso e partem para o Nepal; uma semana depois, Hans e Brigitte sairão rumo ao mesmo destino. À noite, no refeitório, há a despedida do casal: um "banquete" de mamão, pés-de-moleque e maçãs. Aqui, sempre que alguém vai embora deixa algum legado para os que ficam. Couberam-me, dos Sherman, um vidro meio cheio de mel, um pote meio cheio de manteiga de amendoim, quatro limões e três tâmaras. Nada mau.

Logo que cheguei ao instituto, eu já tinha herdado um par de sandálias de couro e solado de borracha, de excelente qualidade, deixado pelo Timofei, o Timo – um finlandês gente boa que estava de saída. Essas mesmas sandálias, que usei sempre que saía à rua durante os seis meses de minha permanência, ficaram para trás, ainda em excelentes condições, como parte do meu legado.

25 de fevereiro. O dia começa com uma limpeza do estômago, que sofre com os "excessos" do dia anterior. Faço minha introspecção e os *āsanas* e vou até o quarto de Bob para me despedir. Estou agora responsável por todas as atividades – nas palavras do americano, "o instituto agora é todo seu". Tento relevar a ironia.

Chega outro brasileiro, o Luís Paulo, de São Paulo. Veio para o curso de seis meses. Penso estar conseguindo manter certo equilíbrio, apesar de toda a agitação dos últimos dias. Nilda e Pimenta estão novamente alvoroçados com a viagem iminente e conseguiram reverter em dois dias a pouca tranquilidade mental que haviam conquistado.

Amanhã o Doctor vai dar uma saída, coisa rara, e ficarei tomando conta da recepção. Maior responsa.

O Zizi (este é o apelido do Luís Paulo) chegou e já está instalado no quarto do David.

Creio que, com a saída de todos os "alienígenas", a paz seja restaurada. E, após a partida de Hans, vou ficar sozinho e à vontade no quarto: poderei dormir mais cedo e manter as coisas arrumadas mais ao meu jeito.

Último domingo com os amigos Nilda e Pimenta. Cruzamos de balsa o percurso até Elephanta, distante apenas 10 quilômetros de Bombaim.

Também chamada de Gharapuri, ou Cidade das Cavernas, a ilha abriga inúmeras imagens do deus Shiva, esculpidas na rocha de basalto por volta dos séculos 5 e 8 d.C. A caverna principal foi um local de adoração dos hindus até 1534, quando se estabeleceu o domínio português. A partir de então, todo o conjunto se deteriorou, e as pinturas originais não são mais visíveis.

Meu amigo alemão partirá com a irmã, em breve, para Katmandu. É perceptível o contraste entre os espaços de cada um no aposento minúsculo que compartilhamos. Do meu lado, a cômoda sempre organizada e poucos objetos sobre a escrivaninha, nada amontoado. Do lado do Hans, a escrivaninha e a cômoda lotadas de trecos: medicamentos naturais de todo tipo, sondas para *sutraneti*, sal, frutas, um pote de mel, um vidro com brotos de trigo produzidos *in loco*, garrafas vazias, barbantes, sacos plásticos e assemelhados. "Sempre podem ser úteis", diz, sério, quando sugiro que se livre da tralha. Acho graça, até porque não tem outro jeito.

Misconceptions

Terceiro mês em Santacruz East. Os brasileiros que ficaram aqui, Alziro e Zizi, são dois personagens curiosos. Alziro, um mineiro da minha idade que mora em Copacabana, faz um certo mistério sobre o motivo de sua presença no instituto: além de não falar uma palavra de inglês, ele não praticava nem tinha nada a ver com o Yoga antes da viagem à Índia. Às vezes, acho que foi por impulso que ele resolveu estender a estadia e passar uns dias aqui. Um cara muito legal, embora resistente em se integrar ao cenário.

Já Zizi é paulistano, poucos anos mais velho e recém-formado em Direito. Alto, magro, barbudo e musculoso, lembra um pouco o Ney Matogrosso. Pratica Yoga há três anos, gosta de conversar e parece chegado a controvérsias. Como temos visões diferentes sobre quase tudo, batemos uns papos legais.

Alziro vai, aos poucos, se inteirando do que ocorre aqui. Quando tentei sinalizar – decerto, com pouco tato – que ele deveria se empenhar um pouco mais, o sujeito se fechou em copas e agora mal me dirige a palavra. Uma pena, mas acredito que, um dia, ele irá compreender que eu visava apenas o seu bem.

O segundo dia de março começa tranquilo e creio que, com a partida dos afobados e ruidosos Nilda e Pimenta, voltarei à tranquilidade em que tudo se encontrava antes de começar esse autêntico *Brazilian Festival*. Sem tanto falatório, poderei me concentrar melhor no projeto e no meu próprio desenvolvimento.

Enfim, partem também os irmãos alemães rumo às cordilheiras do Nepal e adjacências. Hans levou sua Nikon e espera fazer boas fotos por lá.

Zizi volta e meia vem sugerir que eu e a Brigitte formaríamos um bonito casal, mas ignoro o comentário, desconverso e ele não insiste. No fundo, a possibilidade de me envolver com a lourinha de imensos olhos azuis já havia passado pela minha cabeça. Mas, de novo, pode não ter nada a ver nas presentes circunstâncias.

Pouco a pouco, vou estreitando os laços com Doctor Jayadeva. Acho que o meu mentor se convenceu de que os movimentos e as técnicas de respiração que aprendi no Brasil não são muito diferentes dos ensinados aqui. No início, eu tinha a impressão de que ele estava preparado para me mostrar que eu não sabia nada.

Por sinal, percebo entre os colegas estrangeiros uma tendência ao sectarismo que chega a incomodar. Existe praticamente o consenso de que quem não entrou em contato com o Yoga por meio do instituto pode se considerar ignorante na matéria, o que é um evidente exagero. O Bob, sobretudo, que pouco ou nada sabia do assunto até chegar aqui, é um dos mais fervorosos adeptos da "seita" que, cá com os meus botões, apelidei de Yogendrismo: ele está sempre com a palavra *misconception* ("noção equivocada") na ponta da língua.

Ontem, ao examinar por acaso os canhotos do bilhete que adquiri no Kuwait para voar até aqui, percebi que Delhi era o destino final. Como a passagem continua válida, pretendo utilizar o trecho em aberto quando viajar para o Nepal. Sim, pois de tanto ouvir falar me convenci de que não posso deixar a Índia sem conhecer o Tibete. É o que estou decidido a fazer depois do curso, da forma mais econômica possível, pois vim com o dinheiro contado e dependo de eventuais remessas da família para levar os planos adiante.

Continuo a aguardar, ansioso, notícias de casa.

Talvez pela falta de espelho ou pela simplicidade do figurino que adotamos aqui, acho que estou menos vaidoso. E cada vez mais magro.

A comida, apesar de farta, é na maior parte água: sopas, verduras cozidas, leite batizado, coalhada rala, tudo com pouca ou nenhuma gordura. A maior fonte de carboidratos e energia vem do trigo integral dos *chapatis*.

O calor só faz aumentar e Zizi – que de mim para mim, sacanamente, alcunhei de "Ney" – começa a botar as manguinhas de fora. Agora, deu para falar mal do Brasil e dos professores de Yoga da nossa terra. Ele não esconde de ninguém que se julga um ser especial: demonstra pouco interesse nas aulas, diz que não tem saco para teorias e que o negócio dele é "viver a coisa". *A ciascuno il suo*, como se diz na Itália.

Cada vez mais constato como podem ser equivocados nossos julgamentos sobre as pessoas, pois querendo ou não a gente sempre julga. Lembro-me da frase de Edgar Allan Poe em *Notas marginais*, um de seus primeiros escritos: "Em geral, nossas primeiras impressões são verdadeiras – a principal dificuldade está em lembrar exatamente quais foram as primeiras."

O Alziro assumiu que não quer se aprofundar no estudo, mas continua calmo e voltou a ser amigável. Ele já mudou um bocado, desde que chegou: parou de fumar e, apesar da dificuldade com a língua, está mais comunicativo com os companheiros e tem assistido a todas as aulas. Meu vizinho de bairro no Rio continua a matar o tempo praticando embaixadas com a sua bolinha de futebol: do terraço do meu alojamento, acompanho as sessões de treinamento bem em frente, no andar superior do *bhavan*, onde ele está hospedado.

Faço avanços na capacidade de concentração. Em mais de uma ocasião, durante a prática, sentado no chão de pernas cruzadas e de olhos fechados, sinto o corpo todo se expandir e ganhar volume de forma inusitada, como se estivesse me transformando em um gigante e pesando toneladas. Uma vez isso aconteceu no *bhavan* e, ao abrir os olhos, me surpreendi com Doctor de pé bem a meu lado, me observando com um leve sorriso no rosto. "O que você sentiu?", perguntou, revelando que a minha experiência não tinha passado despercebida.

Resolvi compilar, em uma caderneta separada, um glossário de vocábulos e expressões em sânscrito que já soma 503 registros. A ideia me ocorreu logo na segunda semana, quando Doctor me incumbiu de higienizar e organizar documentos que havia décadas estavam guardados dentro de pastas de cartolina em uma salinha úmida e poeirenta nos fundos da recepção.

Durante as sessões de limpeza, protegido do bolor antediluviano por um pano umedecido amarrado em volta do nariz e da boca, aproveito para fuçar os conteúdos – muitos deles, cópias carbono de textos datilografados nos tempos do Onça em papel-seda extrafino que há muito não se encontra no mercado. Desencavo, por exemplo, um artigo do célebre humanista e escritor Sir Julian Huxley, irmão do autor de *Admirável mundo novo* e fundador do World Wildlife Fund (WWF), que aqui esteve em pesquisa acadêmica e colaborou para a revista do instituto. Descubro e leio também exemplares muito antigos do *Journal of the Yoga Institute*, cheios de curiosidades que trato de anotar.

Esses registros poderão ser úteis algum dia, quando chegar a hora de relatar a experiência vivida aqui.

Conversando com a Patty, ela reconhece que o lugar parece mais tranquilo sem os americanos e os alemães. Verdade. Torço para que aproveitem longamente sua estada no Nepal, pois isso aqui está uma maravilha com pouca gente.

Aguardo a data de me apresentar ao departamento de imigração, em Bombaim, a fim de renovar meu visto de permanência. Irei lá no dia 31 de março, que cai numa quarta-feira (sem ser a semana vindoura, a próxima). Tudo dando certo, isso significa que terei mais três meses por aqui.

Converso com Doctor Jayadeva sobre a crescente dificuldade no relacionamento com "Ney" e ele me aconselha a falar com o sujeito apenas o indispensável. Passamos a nos limitar a cordiais bons-dias e boas-noites, e parece funcionar: pelo menos, meu colega entendeu que não estou mais disposto a discussões inúteis.

Eterno retorno

A série de exercícios que tenho praticado nos últimos dias é mais concentrada e está funcionando bem: *maha-sakti-āsa*na, *shalabāsana*, *supta-bhadrāsana*, *halāsana*, *sarvangāsana* e *shavāsana*. Envolve movimentos de sucção abdominal, com flexão para a frente; pressão intra-abdominal, com flexão para trás; alongamento da coluna; uma ou duas poses de inversão; e o indispensável relaxamento completo, para descanso e absorção pelos órgãos vitais da energia (*prana*) gerada no processo.

Tenho exercitado *mauna* desde o despertar até a hora do almoço, quando a conversa é inevitável.

Doctor sugere que eu me dedique a algum tipo de Karma Yoga sempre que me sentir ansioso. A prestação de serviço sem nenhum apego ao resultado é uma forma de pacificar a mente e conhecer a si próprio. Recomendada nas escrituras, também é chamada de Yoga da ação (a palavra *karma* vem da raiz sânscrita *kri*, que significa "agir").

Por sinal, o conceito de carma é bem mais complexo do que se popularizou no Ocidente. A chamada lei do eterno retorno não se resume ao "aqui se faz, aqui se paga" e tampouco implica uma visão essencialmente fatalista da vida, como se nosso destino estivesse 100 por cento determinado desde o nascimento e pouco ou nada pudéssemos fazer a respeito.

Todas as nossas ações, pensamentos e emoções envolvem a mobilização e o direcionamento de energia e, como tal, deixam marcas e repercutem sobre nós e as demais pessoas envolvidas. Essas marcas e repercussões, armazenadas em forma de energia, geram e continuam a produzir consequências, nesta e nas próximas vidas. A chamada "lei do carma", em resumo, é regida pelo mesmo princípio de atração e repulsão da física tradicional, aplicado a dimensões mais sutis da existência.

De acordo com as escrituras hindus, nossas circunstâncias presentes e futuras são o resultado conjunto de três tipos de causa e efeito: *samcitta*, *prarabdha* e *kriyamana*. O primeiro diz respeito ao carma acumulado em todas as vidas passadas, que define nosso caráter e nossas tendências inatas. O segundo, aquele que frutifica na encarnação atual e não pode ser evitado – por exemplo, a herança de antepassados registrada em nosso DNA. E o terceiro é o carma nascente, produzido por nossas ações presentes, sejam elas conscientes ou não. Em última análise, é este último o que deve merecer mais atenção, pois irá determinar os demais.

Segundo aprendi com meu professor Vayuananda, cada alma ou ser é como um agricultor a quem foi confiado um pedaço de terra. A extensão da terra, o tipo de solo e as mudanças climáticas às quais será exposto são predestinados. Mas o fazendeiro tem toda a liberdade do mundo para decidir sobre o que e como irá cultivar, tendo em vista obter de sua terra o melhor resultado ou, inversamente, negligenciar a tarefa e deixar que ela se deteriore.

É durante uma aula de filosofia com Doctor Jayadeva, no escritório da recepção, que o milagre acontece: chega uma carta do Brasil endereçada a mim. Sabedores da situação, todos comemoram!

Desde as primeiras semanas, todas as segundas-feiras, às 10 em ponto da manhã, após a visita infalível do carteiro, sou sempre o único estrangeiro a ficar de mãos, olhos e alma vazios. Em definitivo, constato aqui, o hábito da correspondência não é o forte de meus familiares. Leio sôfrego as tão aguardadas linhas e me alegra saber que estão todos bem, a vida segue com os altos e baixos de sempre e sentem saudade, muita saudade do filho distante.

"Os serviços de correio e a malha ferroviária foram os únicos benefícios reais legados pelos ingleses", foi a frase que ouvi, por mais de uma vez, de indianos com quem conversei sobre o balanço da colonização. De fato, os correios são bastante pontuais, embora nem sempre 100 por cento confiáveis. No intervalo da aula, quando todos correm para abrir seus envelopes e pacotes, são frequentes as queixas e decepções. Ora é um bolo que chega da Inglaterra sem um pedaço, ora é uma encomenda extraviada, da qual só se soube por ter sido citada na correspondência. Coisas da terra.

O dono da vaca

Patanjali sintetizou todo o seu sistema filosófico em 195 aforismos, distribuídos por quatro capítulos ou livros. Esses ensinamentos foram comentados por estudiosos da época ou posteriores, dos quais o mais célebre foi o sábio Vyasa, autor do *Yogabhashya*.

Alguns pesquisadores julgam que Patanjali e Vyasa, a quem também se atribui a autoria do épico *Mahabharata*, sejam o mesmo personagem. Segundo eles, a obra completa original teria se chamado *Patanjalayogashastra* (*O tratado do Yoga de Patanjali*) e reuniria os aforismos (*sutras*) e correspondentes comentários (*bhashyas*).

Como os fatos provavelmente se passaram entre o segundo e o terceiro século da era cristã, trata-se de uma polêmica estéril. Outros sábios cujos comentários ajudaram a esclarecer os *Yoga Sutras* foram Vacaspati Misra, Shankara e Bhikshu.

A aula de Filosofia desta manhã tratou de *aparigraha* (desapego), um dos cinco preceitos de conduta (*yamas*) do sistema de Patanjali. No melhor estilo didático indiano, Doctor Jayadeva toma emprestado dos comentaristas dos *Yoga Sutras* um exemplo curioso que trato de registrar.

"De quem é a vaca?", pergunta o comentarista. "De quem toma o leite", ele próprio responde.

Parece brincadeira, mas é para ser levado a sério. Pela sabedoria milenar, quem possui a vaca não é o fazendeiro nem o ladrão que porventura venha a furtá-la: a vaca pertence, de fato, a quem a ordenha todos os dias e a todos que bebem o leite. Esses são os autênticos proprietários.

O dono paga para manter o pasto fértil, alimentar o animal, mantê-lo livre de doenças e predadores e ainda tem de cuidar para que não seja furtado: com tantas preocupações, mal usufrui a posse do que julga pertencer-lhe. O ladrão, por sua vez, terá de cuidar da vaca, mantê-la longe dos olhos do antigo proprietário e da polícia, além de tomar precauções para não ser ele também roubado. Faz todo sentido.

Mais um domingo. Pela manhã, sigo a rotina do dia: bato o sino, ligo a bomba d'água, instalo o equipamento de som para a sempre muito concorrida palestra do Founder. Quando o evento aberto ao público termina, já passou de meio-dia e estou morto de fome. Só estamos eu e Patty para o almoço.

Zizi e Alziro foram tomar banho de piscina e almoçar em um hotel à beira-mar que é muito frequentado por tripulantes de companhias aéreas. Eles me convidaram, mas preferi ficar por aqui. Na verdade, gosto mesmo é do banho de mar em Versova, perto da casa do meu amigo e colega Chacko, um programa bem mais divertido.

O almoço é frugal: batatas, *chapatis*, sopa de banana e beterraba crua ralada. Tiro um cochilo e saio para tomar *lassis* e comprar sapotis. Na volta, escrevo uma carta para meu amigo Nelson, janto sopa de berinjela e bato papo com dr. Sharma, um animado e bem falante indiano da classe alta de Jaipur, que irá passar algumas semanas no instituto.

O novo colega causou certo espanto em sua primeira refeição com o grupo, quase todo constituído de ocidentais, ao arrematar a última porção de alimento com um formidável arroto. Nos próximos dias, após cada refeição, ele repetiu com precisão de relojoeiro o bizarro procedimento, que não raro era complementado por sonoras emissões gasosas.

Até que um de nós – não lembro bem quem, mas provavelmente eu mesmo – perguntou por que ele fazia isso. Sharma então explicou que, na cultura local, liberar os gases ostensivamente depois de comer era um sinal de satisfação e uma forma de homenagear os anfitriões. Até porque, pelos costumes da terra, não é auspicioso guardar nada para si. Melhor assim.

Trabalho no manual de instrutores até a hora de dormir.

Na carta para o Nelson, falo do plano de me mudar para a roça daqui a cinco anos, uma ideia plantada por Doctor há uns dois meses que só começou a tomar corpo agora, quando a compartilho por escrito.

Parece de fato tentadora a sugestão de trabalhar uns cinco anos para juntar um dinheirinho e comprar uma pequena extensão de terra para viver. Nesse sítio, poderia ministrar cursos de curta duração para pessoas da cidade interessadas em viver a experiência do Yoga durante uma semana.

Outra possibilidade seria criar um centro de Yoga na cidade mesmo, sem pretensões comerciais, apenas para transmitir o conhecimento adquirido aqui.

Contagem regressiva

Após o desjejum, vou com Chacko e Alziro até o escritório da imigração, no Centro, onde faço algumas horas e termino me vendo obrigado a pagar propina para conseguir estender meu visto por outros três meses. Em Roma, como os romanos. Agora, tenho exatamente mais 90 dias na Índia, nem um a mais.

De tanto ouvir falar das maravilhas da travessia terrestre até a Europa, que aqui no instituto é quase uma lenda, fiquei instigado a viver a aventura. Depois de conversar com alguns colegas indianos, praticamente já descartei a ideia de ir ao Nepal em julho, quando tudo fica mais complicado devido às monções e às chuvas.

Bob e Natasha foram os mais entusiasmados com a minha viagem *overland* e, antes de partirem para o Nepal, contribuíram com várias indicações e sugestões. Se tudo der certo, deixarei a Índia pela fronteira com o Paquistão e, no caminho, poderei visitar Amritsar, a cidade dos *sikhs*, e a mágica Katmandu. De lá, refazendo parte da antiga Rota da Seda, cruzarei o Passo Khyber para o Afeganistão e atravessarei o Irã para, enfim, chegar à Turquia e, mais adiante, à Alemanha. Tudo de trem e de ônibus. Boa parte do trajeto foi descrita na narrativa de Marco Polo e, pelo que dizem, é imperdível.

São agora quase 6 da tarde e me dirijo ao *bhavan* para praticar o condicionamento sob a supervisão de Doctor Jayadeva, meu mestre indiano. A seguir, teremos com ele uma aula sobre *pranayama*, como são chamadas as técnicas de controle (*yama*) da energia vital (*prana*) por meio da respiração. Mais um fim de tarde ensolarado de um dia bastante agitado.

31 de março: pela manhã, Doctor informa que muitos hindus comemoram hoje a passagem do ano novo. Como parte dos festejos, penduram em mastros bandeiras roxas com um pote amarrado no topo – um arranjo bizarro, mas bonito de ver.

Recebo uma carta carinhosa e muito divertida da minha irmã mais velha, Beth, que colore as novidades com seu jeito espontâneo e direto.

Resolvo intensificar o trabalho no manual de instrutores. Antes, capricho no Karma Yoga e varro todos os aposentos do nosso prédio, o quarto do Zizi, inclusive. Momentos tranquilos e despreocupados, curtindo plenamente o aqui e agora. Em seguida, dedico-me ao capítulo sobre o *merudanda* – nome simbólico da coluna vertebral – e completo a parte que deve ser lida pelos alunos. Na antiga geografia indiana, o monte Meru era considerado o centro do universo.

Tentarei concluir o esboço geral do conteúdo em no máximo 15 dias; depois, terei apenas mais algumas semanas para datilografar e entregar o trabalho completo ao Doctor e concluir meu período no Yoga Institute com o pleno sentimento de dever cumprido.

Disposto a vivenciar mais a fundo a essência do Karma Yoga, percebo como é difícil colocarmos de lado a noção do "eu faço" e nos deixarmos absorver pela natureza divina de tudo o que fazemos. Segundo Doctor Jayadeva, a prática do serviço desinteressado é de imenso valor para o avanço no Yoga, mais importante mesmo do que os exercícios físicos e mentais, pois durante a vida passamos a maior parte do tempo às voltas com todo tipo de ação.

Nos últimos dias tenho relembrado, de forma muito vívida, algumas passagens do final da adolescência.

Ainda hoje me flagrei revivendo uma viagem a Imbituba, onde passei dois meses precariamente acampado na praia com um bando de surfistas. Lembranças saborosas, também, do dia em que aquela garota tão desejada, sem mais nem menos, sentou no meu colo debaixo de uma cachoeira em Rio das Flores; ou de uma das primeiras festinhas a que fui doidão de fumo e terminei a noite agarrado com a prima de um grande amigo. E, à medida que as imagens emergem do passado, lembro que coisa deliciosa é estar vivo.

Começo a segunda-feira varrendo o meu quarto e toda a escadaria de nosso prédio de três andares. Trabalho duro no projeto do manual, durante toda a tarde. Depois, tomo um bom banho de chuveiro e parto para o *bhavan*, para um silêncio mental de 20 minutos e alguns *āsanas*.

Agora, depois do jantar, desfruto a sensação de um dia pleno.

O que nos move

Muito já se teorizou e escreveu sobre o que, afinal, move as pessoas em suas trajetórias de vida. Esse interesse é mais do que justificado, pois, conscientes ou não, são essas motivações que orientam e ditam nossas escolhas e ações cotidianas, cujos resultados levam a novas escolhas e ações, estabelecendo quase que de forma automática nossos padrões de comportamento e, em última análise, o fracasso ou o sucesso de nossas aspirações mais íntimas.

Os sábios dos primeiros tempos da civilização ensinam que são quatro as forças propulsoras da alma, ou *purusharthas*:

– *Dharma*, o dever ou senso de responsabilidade, tanto com relação a nós próprios como aos demais.

– *Artha*, o interesse direto, quando a ação é motivada pela expectativa de vantagem ou compensação pessoal.

– *Kama*, o prazer, tanto da carne quanto do espírito.

– *Moksha*, as ações altruístas, das quais não se espera nenhuma retribuição nem resultado.

Esses estímulos estão presentes em tudo o que pensamos e fazemos, desde o despertar até a hora de dormir, e a intensidade com que se manifestam varia de acordo com as circunstâncias e o estágio de amadurecimento espiritual de cada um.

Se a pessoa busca a autorrealização pelo Yoga, diz Doctor Jayadeva, ela deve fortalecer *dharma* e *moksha* e, gradativamente, reduzir as ações que buscam *artha* e *kama*. A fim de que *dharma* prevaleça e surta resultado, devemos agir com a máxima concentração e consciência para alcançarmos o melhor de nós.

Mas, sem dúvida, *moksha* deve ser a maior motivação do aspirante a iogue, que, pela autoentrega, o serviço e o desapego dos frutos da ação poderá alcançar a realização e se libertar do *samsara*, como são denominados os sucessivos ciclos de nascimento e morte que a alma experimenta em seu processo evolutivo.

Para ajudar o estudante a se conscientizar de suas motivações e aos poucos reorientá-las para o objetivo em vista, Doctor ensinou um exercício bem simples, que pode ser praticado diariamente ao despertar ou antes de dormir. Em princípio, similar ao exame de consciência dos católicos, que aprendi cedo com os padres barnabitas.

Em uma tabela de quatro colunas (D, A, K e M) desenhada sobre uma folha de papel, a gente lista as principais ações da véspera ou as ações planejadas para o dia, classificando-as de acordo com a motivação predominante. O objetivo é aumentar as ações sob D (*dharma*) e M (*moksha*) e reduzir as ações sob A (*artha*) e K (*kama*), utilizando os registros na tabela como indicadores do progresso alcançado.

No modelo de vida marcadamente materialista do Ocidente, nossas ações são com frequência motivadas pelo dever, pelo interesse pessoal ou pelo prazer e, raramente, pelo altruísmo libertador do espírito.

O pai ou mãe de família, por exemplo, que trabalha e sacrifica boa parte do tempo pessoal para custear a moradia, o alimento e a educação dos filhos é, em princípio, movido mais pela responsabilidade (*dharma*), mas, sem dúvida, também pelas vantagens materiais associadas (*artha*), além da perspectiva de desfrutar, entre outros prazeres (*kama*), aquele proporcionado pela independência financeira e a consciência do dever cumprido.

Já a pessoa que desde jovem dedica toda a sua energia ao sucesso profissional, sem dúvida terá igualmente em vista as vantagens materiais decorrentes e a perspectiva do prazer que lhe irão proporcionar. Para tudo isso, o exercício da responsabilidade será essencial, embora esteja presente em plano secundário.

Existem ainda aqueles que, vítimas do egoísmo exacerbado, se entregam de corpo e alma à satisfação do prazer. Tanto a literatura quanto a vida real são ricas em exemplos de muitos desses "pecadores" que, a certa altura da vida, tratam de reconciliar-se com a consciência e abrem mão de tudo para dedicar-se à caridade, ao trabalho voluntário e a outras formas de serviço desinteressado.

Em geral, somente mais para o final da existência, quando já desfrutamos e sofremos o suficiente para constatar as limitações do sucesso material e da satisfação dos desejos, é que somos atraídos para a vida espiritual e nos apressamos em alimentar a fome da alma. Muitos chegam por atalhos a esse ponto do caminho, seja por acidentes do percurso que nos trazem de volta ao ponto de partida, pela possibilidade de ter a existência abreviada pela doença ou ainda pela perda súbita e precoce de um ente querido.

Se quisermos influir nessa composição de forças anímicas a fim de tirar o máximo proveito espiritual de nossas existências terrenas é fundamental, entre outros aspectos, exercitarmos o senso de equilíbrio, a consideração com o próximo e a disposição para a renúncia – qualidades que, infelizmente, são pouco valorizadas em nossa cultura consumista.

O grande filósofo Aristóteles, que também bebeu da sabedoria indiana, prezava em especial a virtude da moderação: para avançar na trilha do autoconhecimento, temos de aprender a andar no fio da navalha.

Torneiras mal fechadas

Pratico *mauna*, o silêncio autoimposto, até a metade da manhã, como pretendo fazer semana afora. Sinto-me confortável em manter a boca fechada; não me requer sacrifício e é muito revigorante.

Como já mencionei, aprendi aqui que a fala responde por 15%, e a visão, por nada menos da metade de toda a energia que despendemos diariamente em nossa interação com o mundo exterior. Se é fato, como parece, que as mulheres são mais tagarelas do que os homens, não consigo imaginar de onde elas conseguem tirar tanto gás.

Por falar em restauração e conservação de energia, a ciência do Yoga ensina que a verdadeira saúde só é alcançada se o corpo, as emoções e os pensamentos estiverem integrados e em harmonia. Essa condição de equilíbrio pode e costuma ser quebrada por diversos motivos. Mas na vida agitada das grandes cidades, nada ameaça mais a saúde do que o excesso de estresse. As tensões inconscientes são a principal causa dos nossos males, sejam eles físicos ou mentais.

Somos como torneiras mal fechadas: nossas energias dissipam-se sem serem utilizadas e vivemos como se pela metade, em um círculo vicioso.

A desvitalização gerada pela tensão continuada induz estados mentais e emocionais negativos, como ansiedade, angústia e medo. Esses estados, ao provocar reações químicas desfavoráveis no organismo, irão com o tempo afetar todo o sistema nervoso e muscular, levando-nos a novos estados de angústia e ansiedade. No longo prazo, esse quadro acaba provocando doenças como a úlcera péptica, a asma e a hipertensão arterial, entre outras, que podem evoluir para quadros ainda mais sérios e de difícil tratamento.

Muitos tentam escapar dessa armadilha por meio de tranquilizantes e recursos do gênero, mas trata-se de soluções paliativas e potencialmente maléficas, uma vez que a raiz do problema permanece.

Para o controle eficaz do estresse excessivo o Yoga recomenda a prática regular de *shavāsana*, a postura do cadáver. Além de promover um completo relaxamento muscular e a recuperação da energia física e mental, essa técnica é uma ferramenta poderosa no tratamento de distúrbios psicossomáticos e no combate à insônia. Deve ser evitada apenas por pessoas que tenham a pressão arterial baixa ou que sofram de sérios distúrbios nervosos; nesses casos, é indispensável a supervisão direta de um instrutor qualificado.

Vamos experimentar? Deite de costas no chão, com os braços e as pernas estendidos, as palmas das mãos viradas para cima. Uma esteira de palha, manta ou cobertor dobrado tornarão mais confortável a posição. Certifique-se, na medida do possível, de que não será interrompido por pelo menos 15 minutos. Música ou outros sons no ambiente são desaconselhados, embora para algumas pessoas facilitem o processo.

Busque concentrar a atenção sobre a respiração, que aos poucos irá ficando lenta, suave, profunda e ritmada. Entregue cada vez mais o corpo à ação da gravidade, procurando sentir seu efeito sobre os músculos e sobre os órgãos internos. Para facilitar essa sensação de peso, imagine ser um imenso saco de farinha tombado no solo ou qualquer coisa parecida. Mantenha a atenção sobre os músculos que insistam em ficar tensos e, por um esforço consciente, trate de afrouxá-los.

Permaneça nessa posição de 10 a 15 minutos, completamente imóvel e relaxado; depois, reassuma de forma gradual o controle do corpo, movendo lentamente as pontas dos dedos dos pés e das mãos, esticando os braços e as pernas e espreguiçando-se como se estivesse despertando.

Técnicas similares de relaxamento consciente foram por muito tempo utilizadas por povos nômades em várias partes do Oriente, segundo relata Shri Yogendra. Para restaurar a energia em longas e penosas caminhadas pelo deserto ou regiões montanhosas, assim que chegavam a um oásis ou a um local sombreado os viajantes deitavam-se no solo e ficavam ali totalmente inertes, em geral por 15 minutos ou até por uma hora, de acordo com o estado de exaustão. Não por outro motivo, conseguiam suportar, quando necessário, travessias surpreendentemente longas com pouco tempo de descanso.

Viver mais e melhor

Disciplina espiritual voltada ao autoconhecimento e ao desenvolvimento integral do ser humano, a ciência do Yoga é, às vezes, reduzida à condição de terapia – em parte, pela sua ênfase na prevenção. Mas é um equívoco considerá-la um sistema de medicina.

Ayurveda (do sânscrito, "ciência da vida") era o sistema tradicional de medicina indiano. E quando as pessoas adoeciam, nos tempos antigos, elas procuravam pelos doutores aiurvédicos, e não pelos iogues.

O Yoga foi concebido originalmente como uma disciplina espiritual destinada a um número limitado de pessoas. Mas quando os meios usuais de cura não funcionavam, era comum os pacientes buscarem a ajuda dos iogues. E assim, em muitos *ashrams*, era frequente encontrar, junto com os iogues de verdade, gente que estava tentando se curar de doenças físicas e psicológicas.

Pelo visto, o tratamento com o Yoga era bastante eficaz. Desde então, a ciência de Patanjali ficou associada a método terapêutico.

Assim como o Ayurveda, o Yoga nos ensina a prestar atenção aos avisos emitidos pelo organismo, de forma a interferir antes que as doenças progridam. De fato, a maior parte das enfermidades não começa de uma hora para outra: nos primeiros estágios, a natureza tenta nos sinalizar que algo não vai bem.

Um bom exemplo é uma simples gripe que, negligenciada, se transforma em pneumonia, a qual, se não for devidamente tratada, pode levar a complicações ainda maiores que demandem internação hospitalar, ajuda de respiradores artificiais ou intervenções ainda mais drásticas.

Se na medicina tradicional os métodos preventivos incluem a prática regular de atividade física, uma dieta saudável e equilibrada e *check-ups* periódicos para avaliação do estado geral de saúde, no Yoga a prevenção é feita de forma mais completa, pois atua não só nos planos físico e mental, mas também em níveis mais profundos da personalidade.

Em complemento aos movimentos corporais, às técnicas de relaxamento consciente e aos exercícios respiratórios, práticas introspectivas como o silêncio mental, a concentração e a meditação nos ajudam, a partir de constante autoanálise, a conhecer nossas tendências latentes e potencialidades e a orientá-las para um viver mais pleno.

O Yoga afirma que, enquanto as pessoas insistirem em tratar apenas os sintomas, sem interferir nas verdadeiras causas de seus males, nada de consistente poderá ser alcançado em termos de saúde.

As doenças, sejam elas físicas ou mentais, são – ensina a ciência milenar – o preço que pagamos pela nossa ignorância e comodismo. Queremos estar bem física e emocionalmente, mas reagimos ante qualquer menção a mudanças no nosso modo de viver. Não nos importamos em passar o dia sob o efeito de sedativos ou estimulantes, em sentar à mesa acompanhados por pílulas digestivas nem em dormir embalados por soníferos. Fazemos pouco ou nenhum esforço para mudar e, por consequência, vivemos menos e mal.

Nesses tempos cada vez mais agitados, a prática do Yoga – entendida não como uma forma de terapia ou método de treinamento físico, e, sim, como abordagem integral de autoaperfeiçoamento – pode fazer toda a diferença para melhor em nossa qualidade de vida.

Protozoários

Hoje é meu segundo dia de "retiro" voluntário no instituto. Zizi e Alziro tornaram a me convidar para ir com eles ao Hotel Sun'n'Sand, mas não topei. Bem que fiquei instigado com a perspectiva de conhecer belas e simpáticas aeromoças estrangeiras que, segundo Alziro, costumam frequentar a piscina e o bar. Mas prefiro ver o que acontece se continuar mais algum tempo sem ir à rua.

Percebo como a mente se agita cada vez que saio, mesmo que apenas para comprar frutas ou tomar um *lassi*. Porém, não quero forçar a barra: caso surja algum imprevisto que me obrigue a sair, é o que farei sem problema.

Resolvo hoje manter o silêncio também desde o final da tarde até a hora de deitar. É bem mais repousante evitar o falatório do jantar e ir dormir quieto depois.

Outra mudança que introduzi – esta, na parte da manhã – foi voltar a praticar *uddiyana bandha* para a energização do diafragma. Acho que o exercício que vinha praticando há uns cinco meses, uma variante de *agni-sara-kriya* (em pé) com movimentos rápidos do abdome em *sunyaka*, me deixava um tanto excitado para os *āsanas* e *pranayamas*.

Para os não iniciados, *sunyaka* é a suspensão da respiração com os pulmões vazios. Também é chamada de *bahya-kumbhaka* (em oposição a *antara-kumbhaka*). Algumas técnicas de *pranayama* requerem a suspensão do alento, que pode ser feita com os pulmões cheios ou vazios. Os três movimentos respiratórios denominam-se, em sânscrito, *puraka* (inspiração), *kumbhaka* (retenção) e *rechaka* (expiração).

Ontem, começamos um novo período do curso, o quarto, e Doctor Jayadeva ensinou *padmāsana* (a posição do lótus). Agora, sinto-me liberado para adotar essa postura que, até a "lição de humildade" ministrada pelo mestre em minha primeira visita ao *bhavan*, era a minha preferida para as práticas de condicionamento mental.

Tudo sob controle, começo a produzir um novo capítulo para o manual de instrutores, agora, sobre a educação física de acordo com o Yoga.

Recebo dois envelopes registrados do Vayuananda, uma alegria. Meu professor de Yoga é um comediante inato: seus comentários sobre meu relato da viagem até o Kuwait, que enviei pela Nilda, são impiedosos, e dou gargalhadas com as piadas infames. Mandou, também, dois blocos de papel de carta para que eu possa escrever mais para ele (uma forma sutil de reclamar da falta de notícias minhas) e sugeriu que eu preparasse uma palestra sobre essa experiência na Índia, para apresentá-la no retorno ao Brasil.

Dia 8 de abril. Acordo às 4 da madrugada com uma terrível indigestão e sou obrigado a levantar para fazer uma limpeza do estômago. Desconfio que a sopa de berinjela com batata-doce e os *chapatis* do jantar da véspera sejam os culpados. O pior é que não comi muito; a combinação, parece, é que foi de lascar. Pela manhã, continuo mal e sinto que tão cedo a crise não vai passar.

Não pude nem fazer os *āsanas*: só pratiquei *pranayama* e introspecção, o que aumentou bastante minha vitalidade. Tomei uma colher grande de mel e estou aqui escrevendo para esquecer o mal-estar. Seguindo o conselho do Doctor, faço um pequeno jejum no almoço, tomando apenas a coalhada rala de leite de búfala e uma colher de mel. À tarde, o quadro aos poucos se reverte.

Acordo bem melhor na manhã seguinte. Faço os *āsanas* e as outras práticas de costume e como apenas dois sapotis, pois as frutas sempre ajudam a limpar o canal digestivo.

Tento entender a origem desse "colapso" gastrointestinal e imagino que esteja ligado à minha ansiedade crescente com relação ao manual e ao compromisso de concluir o projeto antes de partir.

Quando fiquei ruim, ontem, não tive outra alternativa senão deitar na cama e não fazer nada o dia inteiro – quer dizer, a mente conseguiu forçar o corpo a repousar. Boa parte das doenças, imagino, segue esse mesmo caminho: diante do excesso de tensão interna, mesmo que inconsciente, o organismo dá um jeito de criar um embaraço qualquer para obrigar o sujeito a dar um tempo e relaxar.

Conversando agora há pouco com Doctor e sua adorável *shakti*, Hansa-ji, ela me elogia e diz que sou o melhor aluno da turma, sendo secundada pelo Doctor, que me elege "o mais forte dos brasileiros". Sinto-me que nem uma criança diante do elogio do mestre.

No dia seguinte, acordo alegre por constatar que a energia volta a circular livremente no abdome. Diante do único espelho disponível, pendurado acima da pia na parede do banheiro, percebo mudanças externas e internas. O rosto está bem mais magro, a expressão quase ascética e os olhos brilhantes, cheios de vigor.

Após quase três meses e meio de vida aqui, nesse verdadeiro sanatório de almas, quanta coisa já não foi compreendida, quantas dificuldades ultrapassadas!

Vejo meu próprio processo de autoaperfeiçoamento pelo Yoga como uma forma de me tornar um instrumento adequado ao serviço. Como uma faceta minúscula de um plano superior, de dimensões inescrutáveis, que envolve o desenvolvimento de outros indivíduos, de toda a humanidade – quem sabe, mesmo, de todo o universo. E à medida que essa compreensão se estabelece, percebo quão insignificantes são nossos apegos mundanos.

Quanto à saúde física, definitivamente, algo anda errado com as minhas entranhas: voltei a ficar cheio de gases e só agora, após o almoço, descarreguei boa parte do lixo fedorento que consumia minha energia. Pelo jeito, devo ter adquirido algum tipo de ameba ou outro protozoário do gênero. De outra forma, comendo só verduras, trigo e leite, não deveria haver motivo para tamanha indigestão.

Inimigos internos

Neste domingo tranquilíssimo, ficamos só eu e Patty no instituto e almoçamos em paz, conversando sobre assuntos amenos. Ela me convida a passar alguns dias na sua casa em Birmingham e conhecer um pouco da Inglaterra, o que torna ainda mais convidativa a tal viagem *overland* até a Europa.

Quem sabe, eu me pergunto, por trás dessa crescente sensação de que o tempo voa exista uma boa dose de saudade de casa e a curiosidade de vivenciar um pouco mais esse mundo vasto e desconhecido?

No meio da tarde, estou de plantão no escritório da recepção quando sem aviso surgem Walter e Glória, todo serelepes. Conversamos um bocado, saímos à rua e tomamos dois ótimos *lassis* cada um. Para fechar a agradabilíssima visita, me confessam haver detonado a parcela que me cabia do lote de latas de leite condensado e que, a título de "compensação", fariam algumas compras para mim. Como resultado, tenho agora farta provisão de maçãs, tangerinas e bananas, além de duas caixas de sabão em pó.

Desisto do casamento a que fui convidado logo mais à noite. Prefiro tomar meu leite com frutas e ir para a cama mais cedo, a fim de me poupar. Estive pensando nas palavras de minha amiga e também instrutora de Yoga Lília e concordo que, estando em um contexto diverso daquela loucura que é a vida no Rio – uma loucura deliciosa, reconheço –, a gente pode enxergar de forma mais clara os problemas dos outros. Como acertadamente ela diz, a concepção ioguística da vida nos protege da poluição psíquica da cidade grande.

Datilografo o capítulo recém-acabado do manual e começo a rascunhar o próximo. Tive sorte em ser incumbido dessa missão: além de envolver a escrita e o ensino, que adoro, é uma oportunidade de prestar um serviço ao instituto e aos instrutores formados ou que venham a se formar aqui.

Estou agora contemplando pela janela uma tremenda lua cheia e comendo bananas. Tenho tomado apenas o leite com frutas à noite: decididamente, sopa com *chapatis* não tem me caído bem antes do sono.

Dia 24 de abril começa outro Seven-Day Health Camp e uma nova leva de gente virá residir conosco durante uma semana. Apesar do ambiente um tanto tumultuado, sobretudo na hora das refeições, e da quebra da rotina quase monástica a que começo a me apegar, a perspectiva de ensinar e fazer novas amizades me agrada.

Ainda sobre o apego, nesta manhã tive *insights* bem interessantes que resolvi registrar.

Estava no quarto e fazia com a máxima atenção a minha série de exercícios, mas sempre que deitava para relaxar, nos intervalos entre os *āsanas*, a mente insistia em escapulir para pensamentos aflitivos, cortando a minha onda.

Depois, ao refletir sobre a natureza dessas distrações, constatei que elas tinham em comum o egoísmo – desde o receio de não conseguir reunir e levar comigo para o Brasil o conhecimento recebido aqui, até a contrariedade de ter a minha paz perturbada por estranhos durante o novo curso de uma semana...

Vejo quanto do nosso sofrimento nasce de uma atitude equivocada diante das coisas.

O apego, esse grande estraga-prazeres, aparece camuflado sob as feições mais diversas e nos impede de viver plenamente. Podemos nos sentir alegres e satisfeitos, mas basta surgir o receio de que aquele momento acabe para que o contentamento vá embora. Nós nos iludimos ao acreditar que estamos no controle quando, na realidade, somos apenas passageiros em trânsito por essa vida e nada de fato nos pertence.

Certamente, seríamos mais felizes se conseguíssemos confiar nosso destino a uma força invisível, superior, como fazem as pessoas devotas. Nesse aspecto, temos muito o que aprender com as crianças. Elas brincam despreocupadas e alegres, pois sabem que alguém está lá para protegê-las e nada de errado irá acontecer. Não pensam no depois, vivem apenas o presente.

A verdadeira felicidade terrena só pode ser alcançada pelo autoconhecimento e a autoentrega. É essencial domesticar a mente, irrequieta e matreira como uma raposa, para permitir que a alma flua tranquila por essa existência passageira.

Segundo os *Yoga Sutras* de Patanjali, todo o sofrimento humano se origina de cinco defeitos estruturais da mente, os *klesas*. São eles o que nos aflige, os inimigos internos que temos de superar. *Avidya* (ignorância) é o primeiro e a raiz dos outros quatro: *asmita* (ego), *raga* (apego), *dvesha* (aversão) e *abhinivesha* (medo da morte).

Sei que mal comecei no caminho e que *vairagya* – o desapego alcançado por meio da indiferença, da discriminação e do contentamento – é para os fortes. Mas com determinação e o apoio do mestre interior, espero vencer.

Doces lembranças

Os irmãos alemães estão chegando do Nepal dentro de uma semana: parece que a Brigitte pegou hepatite e tiveram de abreviar o passeio.

Consegui completar hoje mais dois capítulos do manual: agora, tenho 10 prontos e falta concluir um. Já estou há um bom período sem escrever para casa e se até quarta-feira não receber nenhuma notícia vou mandar uma cartinha.

Agora, restam-me 10 semanas aqui. Com a chegada de gente nova para o Seven-Day Health Camp e o retorno de Bob e Natasha, o ambiente ficará bem movimentado e o tempo correrá mais rápido.

Desde que saí do Rio, faz já cinco meses, sinto falta de umas boas braçadas, e com bons motivos. Diariamente, passava ao menos uma hora mergulhado no mar, em Copacabana ou Ipanema, um item indispensável na minha infalível rotina carioca. Nadava do Arpoador até o píer entre a Teixeira de Melo e a Farme de Amoedo, quando ventava leste; ou a pitos enérgicos do Posto 6 até a Rua Xavier da Silveira, no vento sudeste. Quase sempre, na companhia de meu bom amigo Nelson, grande incentivador do meu retorno ao esporte que aprendi ainda menino, nas piscinas repletas de moleques da Associação Cristã de Moços, na Rua da Lapa. Os gritos e apitadas estridentes dos instrutores, a balbúrdia da meninada e o barulho de braços e pernas agitando a água no imenso galpão ecoam forte, até hoje, nos recônditos da memória.

Três vezes por semana, minha mãe levava o garotinho de calças curtas até lá, a pé. Era um trajeto curto, desde o apartamento alugado em um prédio bem pequeno da Rua Benjamin Constant, no bairro da Glória, onde cresci até os oito anos, quando a família se mudou para Copacabana.

Das minhas profundezas, duas lembranças deliciosas emergem desses passeios matinais, de mãos dadas com mamãe, a caminho da piscina. Certa feita, na Rua da Glória, bem diante do Externato Angelorum – onde fiz o jardim de infância –, uma senhora nos parou na calçada e, me olhando com admiração, exclamou: "Que olhos lindos, parecem duas jabuticabas!". Minha mãe ficou toda orgulhosa, pois o menino era o seu xodó. E eu, me achando o tal, não sei se pela reação dela ou se pelo elogio, que gravei para sempre.

Em outro episódio, esse mais denso, eu corria pela calçada à frente de minha mãe na Rua da Lapa. Ao passar por um dos antigos sobrados que abrigavam bordeis para todos os gostos e bolsos, meti a butuca pela porta entreaberta e vi, sentada nos degraus da estreita escada de madeira, uma moça bonita com um dos seios de fora. Parecia amamentar um galalau – quem sabe, imagino hoje, um cliente tardio e sem grana para mais – de quem só pude ver as costas. Ela flagrou o meu olhar e apenas sorriu, serena.

Muito excitado, confuso, perguntei a mamãe o que tinha presenciado, mas ela se recusou a dizer e ainda me deu um pito por meter o bedelho onde não devia. Encerrou o assunto por ali e tratou de me retirar da cena. Julgo ter sido essa minha primeira experiência erótica.

Pergunto a Doctor Jayadeva se poderia levar comigo cópias dos textos produzidos para o manual. Ele me sugere aguardar pela publicação impressa, que me enviará pelo correio. O fato é que me apeguei ao trabalho, mas, como dizia Vayú, "o artista cria a obra, mas não se enamora dela".

Dia cheio de novidades. Bob e Natasha estão, enfim, de volta da excursão a Rishikesh. Hans e Brigitte tiveram problemas com a imigração indiana e terão de deixar o país dentro de no máximo uma semana.

Chega uma remessa de dinheiro do Brasil, anunciada pela visita do carteiro, e aumenta a excitação com a viagem que farei sozinho.

Bob volta a aferir o meu peso – não sei bem como, ele se apropriou da balança do instituto, que guarda debaixo da cama – e estou com 60 quilos, quatro a menos do que em fevereiro. Deixei o Brasil com 68, meu peso normal.

Resolvo me livrar de todas as cartas recebidas do Brasil, da Grécia, da Finlândia e da Austrália. Por que me apegar a palavras no papel se o importante é o que deixam impresso na mente e no coração? Depois, eu me arrependerei do arroubo.

Acabo de aprovar com Doctor o último capítulo que escrevi, sobre prevenção de doenças. Agora, tenho uma incumbência a mais: produzir um artigo sobre a importância, para a Índia, de preservar a tradição do Yoga. Será publicado no *The Free Press Journal*, um periódico de Bombaim, como parte de uma série de artigos que terei de pesquisar e selecionar.

Ontem à tarde, Alziro recebeu revistas e jornais brasileiros. Depois do jantar, li a *Manchete* e curti bons momentos de leitura em português. Hoje, dei uma lida no *Globo* e fiquei chocado com o cotidiano de crimes e a superficialidade das colunas sociais cariocas. Queira ou não, a volta à minha cidade não será fácil, pelo menos no início. Espero sair daqui com conhecimento suficiente para superar as dificuldades.

Monopólio da certeza

Às vezes, as posições de Shri Yogendra sobre outros sistemas filosóficos, em particular o Vedanta, me parecem radicais, e confesso que isso me incomoda. Embora a rivalidade entre as escolas do pensamento seja uma tradição indiana e motivo de discussões da mais alta erudição – que vararam madrugadas e séculos e, provavelmente, nunca terão fim –, sugerir que só o Yoga pode nos libertar dos grilhões da condição humana e que o resto é conversa fiada soa forte.

No reverso da medalha, os vedantinos não perdem a oportunidade de falar sobre as limitações do sistema de Patanjali, como eu já havia constatado com meus amigos brasileiros. Nada mais natural.

"Tal como a abelha, que da flor extrai apenas o pólen, assim também o discípulo deve buscar no mestre somente a essência."

Um tanto culpado pelo meu julgamento do Founder, procuro reconciliar a consciência com essa frase, que li na biografia de algum homem santo, talvez Shri Ramakrishna. O Founder fala com a voz da experiência e, soe radical ou não, sua opinião merece o maior respeito.

Começa o curso de sete dias e estou aqui imaginando que nem o desjejum vou poder tomar sossegado. Hoje será apenas um contato inicial com os alunos para a apresentação dos professores. Irei introduzir a palestra de Shri Yogendra, agora de manhã, e estou pensando em algo bem simples e breve para dizer.

Antes de voltar ao trabalho no manual, que está em fase final, decido me alienar em um ótimo romance de ficção científica, *The Revolving Boy*, emprestado por Natasha. Graças a ela, já li aqui vários bons livros, entre outros os dois volumes da engraçadíssima autobiografia de David Niven – *The Moon Is a Baloon* e *Bring on the Empty Horses* – e a história de um chefe indígena norte-americano, *Life of Black Hawk, or Ma-ka-tai-me-she-kia-kiak: Dictated by Himself*, um espetáculo.

Fiquei sabendo que no dia 15 terá início outro curso de uma semana e que este será particularmente concorrido, pois participarão psiquiatras, médicos e outros profissionais de saúde de vários países. Como haverá oito mulheres no grupo, todos os homens terão de se mudar para o edifício vizinho, onde provavelmente dividirei o aposento com Bob.

A perspectiva me deixa apreensivo. Além de um mal disfarçado senso de superioridade com relação a latinos e assemelhados, ele é doutor em Psicologia, leonino (como eu) e recém-convertido ao Yoga. Coloque esses ingredientes no liquidificador, acrescente uma pitada da arrogância típica dos nova-iorquinos de raiz e o resultado será um ego reforçado, praticamente inexpugnável.

Durante as aulas matinais com Doctor, nosso colega indiano Chacko, que é muito animado, inteligente e bem preparado – mas gosta como poucos de uma discussão –, às vezes "ousa" contestar alguma colocação dos comentaristas de Patanjali. A meu ver, uma coisa mais do que natural quando estão em pauta questões metafísicas.

Pois é só o Chacko acabar de falar para o Bob intervir, impiedoso. Com o olhar perdido em algum ponto da parede, mas dirigindo-se ao grupo, ele não hesita em desqualificar as ideias do colega, contrapondo-as com conhecimentos que adquiriu recentemente nos livros e fazendo citações do próprio Founder. Um esculacho; morro de pena do colega.

Como tudo isso acontece diante de um Jayadeva que a tudo assiste impassível, pode ser até que, desastrada ou não, a intervenção do americano seja do interesse coletivo e tenha como único propósito evitar que a turma desperdice tempo com discussões inúteis.

Mas a fala deliberadamente pausada, o tom paternalista e a empáfia do Bob me incomodam a tal ponto que, um dia, resolvi tomar as dores do Chacko e questionei francamente o comportamento do americano, no que fui prontamente apoiado por alguns colegas, como a Patty e o Peter. Para quê!? O psicólogo não me perdoou, e a partir dali assumiu uma atitude distante e fria. Foi quando começou entre nós dois, acredito, uma disputa velada pela liderança informal do grupo.

Para evitar os sentimentos negativos, de todo inadequados em um lugar como o Yoga Institute, recorro a uma fórmula simples e eficaz recomendada pelos sábios da antiquíssima cultura védica e ensinada aqui. Chamada *pratipaksha bhavana* – literalmente, "mover-se para o outro lado da casa", a técnica consiste em, por um esforço mental consciente, exercitar a simpatia (*maitri*) para evitar a inveja; a compaixão (*karuna*), diante da miséria e do sofrimento; a alegria (*mudita*), para combater o ciúme; e a indiferença (*madhyasta*), como antídoto da raiva. Trato de caprichar, sobretudo, nesta última.

Após o jantar, estou calmamente a descascar um sapoti quando, não mais que de repente, assomam à porta as fantasmagóricas figuras de Hans e Brigitte – magros, sujos e famintos, mas sãos e salvos da aventura no Tibete. Passaram o maior sufoco e têm só uma semana para se recuperar, antes de deixar de vez a Índia. Conversamos até bem tarde sobre minha viagem *overland* e eles continuam empolgados com a ideia de eu passar uma temporada na Alemanha. Nos planos, falam bastante de uma visita que poderemos fazer a uma comunidade iogue na Suíça, fundada por amigos deles que também estudaram aqui.

A conquista do Oeste

Um belo e ensolarado domingo, o melhor e mais gostoso dos que passei aqui. Vou até a praia, dou umas boas braçadas e pego jacaré nas ondas de Juhu Beach. Não sei por que não fiz isso antes – a água é limpa e a temperatura, ideal. Descubro bem perto dali um lugar bastante agradável e tomo dois *lassis*.

No retorno a pé para o instituto, em um trecho mais pobre da orla ocupado por barracos de utilidade suspeita, me perturba a visão de garotas europeias em seus no máximo 20 anos. Perambulam como zumbis, prontas a sacrificar no altar do vício os corpinhos magros e marcados por agulhas.

Que mundo é este? – penso. O que pode ter levado adolescentes a abrir mão de privilégios nos lugares onde nasceram, para sobreviver de forma tão miserável em um ambiente hostil e distante? Que coisa pode ter acontecido de tão ruim para trazê-las até aqui e a essa situação? A imaginação corre solta, sombria.

Diante de notícias alarmantes sobre surtos epidêmicos no Nepal, decido não ir mais a Katmandu, e sim, visitar Rishikesh. Já está tudo acertado com relação à Alemanha. Em breve, escreverei ao Roberto Arieira dando conta de meus planos e perguntando se posso contar novamente com passagem de cortesia do Lloyd para voltar de navio ao Brasil.

Chegam o fotógrafo e o editor do *The Free Press Journal*. Para ilustrar os artigos sobre Yoga que o periódico em breve irá publicar, Brigitte,

Amola (uma canadense de origem indiana, que se juntou ao grupo recentemente), dr. Sharma, Zizi e eu somos fotografados no jardim com Shri Yogendra, na imagem tradicional do guru rodeado pelos discípulos.

Depois, em um aposento reservado e agora acompanhado apenas pelo Doctor, sou clicado, entre outras, na "pose que libera os gases" (*pavana muktāsana*) – aquela em que, deitado de costas no chão, o praticante abraça as pernas flexionadas contra a barriga e fica respirando suavemente na posição.

Dias depois, chega o jornal e lá estão, em matéria de página inteira sob a manchete "Yoga, uma história de sucesso", os quatro artigos: um, assinado por Shri Yogendra; outro, por Jayadeva; um terceiro, por mim; e o último, por dr. Robert Sherman, com o título "Como conquistamos o Ocidente", estampado justamente acima da minha foto na posição em que, dizem as más línguas, Napoleão perdeu a guerra. Criativos e irônicos, os jornalistas indianos. Bob, é claro, foi quem mais achou graça.

Agora à tarde, depois de comer três bananas-maçãs deliciosas, saio com Alziro para nosso habitual *lassi*. Instigado pelo amigo, resolvo experimentar o *burfi*, um doce de leite sólido que é vendido em diferentes formatos e cores variadas em lojinhas de paredes azulejadas que mais lembram sorveterias do interior do Brasil. Uma delícia. Outra iguaria muito popular que costumamos degustar nas barraquinhas de rua é o *mango shake* – leite de búfala batido com manga no liquidificador.

Meus colegas ficam curiosos ao ouvirem que no Brasil existe a lenda de que a mistura de leite com manga pode ser letal. Explico que a história vem dos tempos coloniais e, até onde sei, foi fabricada pelos senhores de escravos para desencorajar o furto de um produto precioso e coibir as fugas. Pelos olhares espantados da turma, fico com a impressão de que não fui claro ou de que não convenci.

Restam exatos 45 dias para começar a terceira etapa da minha aventura. Venho contando as semanas para deixar o instituto – não que eu queira abandonar esta vida pacífica e amena, mas estou ansioso pela incrível jornada que me propus realizar por conta própria.

Para aliviar a bagagem, enviarei para o Brasil pelo correio um pacote com livros e tudo o mais que não for necessário na viagem. Levarei comigo apenas a mochila, a bolsa tiracolo e um pequeno cantil de alumínio que Zizi me deu de presente. Parece que a Patty decidiu vir comigo para Rishikesh, e isto vai tornar o passeio mais divertido.

Hoje é a despedida de Hans e Brigitte, que partem amanhã à noite para Roma. Provavelmente teremos um bota-fora no terraço, logo mais; amanhã, irei acompanhá-los ao aeroporto, às 10 horas.

Depois de deixar sem resposta as poucas e tímidas consultas que fiz a respeito nas últimas semanas, enfim Doctor Jayadeva me autoriza a levar para o Brasil cópias de tudo o que produzi para o manual de instrutores. A notícia me deixa supercontente, pois já não contava com essa possibilidade e a muito custo começava a me desapegar do trabalho. Se a intenção do meu mestre ao criar o suspense era essa, funcionou.

Durmo um sono profundo e reparador, interrompido quase pela manhã por um sonho erótico – ou molhado (*wet*), como se diz, de forma talvez mais apropriada, em inglês –, o terceiro ou quarto que experimento aqui no instituto.

Com a partida dos irmãos alemães, eu me preparo para um esforço de tolerância e paciência: dividir um quarto com Bob por sete longos dias. Após veladas, mas nem por isso menos intensas, negociações, conseguimos delinear os respectivos territórios no minúsculo aposento.

Escrevo para meus benfeitores no Brasil, dando conta dos meus planos e informando que estarei pronto para o regresso a partir de outubro. Agora, é esperar para saber se tudo correrá a contento.

No calor das monções

Pela janela entra o som de uma fanfarra *pop* indiana saído do rádio de algum vizinho do instituto – como tudo por aqui, em altíssimo volume. O calor começa a se agravar e a disposição diminui na mesma proporção.

Estão próximas as monções de verão, quando a temperatura e a umidade do ar sobem absurdamente e há chuvas torrenciais, não raro provocando inundações e outros desastres que afetam milhões de almas. Dizem que quem passa ileso por essa estação é capaz de suportar o clima em qualquer parte do mundo.

Leio *The Master Game*, de Robert S. de Ropp. É um bom passatempo entre uma e outra atividade.

Depois de conversar com Christine, uma simpática e atraente aeromoça da Swissair que reside pertinho daqui com o marido indiano e entrou para nossa turma no curso de instrutores, resolvo reservar o quanto antes meu voo para Delhi. Segundo ela, não é tão fácil conseguir lugar. Semana que vem quebrarei meu jejum de rua para ir até o escritório da Air India, no Centro, resolver isso.

É o que faço, mas não sem alguns embaraços. Barbudo e magro como um faquir, vestido com uma simplicidade monástica e de sandálias franciscanas nos pés, sinto-me um tanto deslocado no lugar. De fato, não tenho a menor pinta de passageiro de avião, uma impressão confirmada pela empertigada funcionária que me atende de má vontade no balcão e resiste em reconhecer a validade do trajeto em aberto, indicado no canhoto da minha passagem. Mas consigo convencer a moça e saio de lá com assento reservado em um voo para Delhi na manhã de 1º de julho.

Feliz da vida, já dentro do elevador, entra uma belíssima indiana toda produzida e perfumada, majestosa em seu uniforme da Air India – a primeira mulher realmente deslumbrante que eu vejo em todos esses meses de castidade involuntária. Ingênuo, julgava dominada a pulsão sexual.

Tento disfarçar o encantamento e quase consigo sublimar o fogo interno despertado pela deusa, de quem não consigo tirar os olhos. Mas a natureza recusa-se a participar da farsa e mostra o seu vigor, no volume conspicuamente aumentado de minhas frouxas calças de algodão branco. Sem graça, resta-me baixar a cabeça e torcer para que o trajeto até o andar térreo seja rápido.

Lembrei da história dos dois irmãos que, desde cedo, queriam dedicar-se à vida espiritual. Com a morte do pai, o primogênito tem de renunciar ao sonho e assumir a lojinha da família, enquanto o mais jovem, liberado da responsabilidade terrena, parte para as montanhas em busca do mestre e da autorrealização. Muitos anos depois, purificado pela meditação e pela renúncia ao mundo, ele decide visitar o mano querido, que aniversariava. Desce a montanha levando nas mãos, como presente, uma bonita bola de neve que, graças à castidade do portador, se mantém inalterada, apesar do calor. Entra na lojinha da família, e lá está o irmão, sorridente, ao lado da esposa, uma jovem lindíssima com uma criança no colo. Desconcertado, aquele que se julgava livre do desejo vê a bola derreter nas mãos em questão de segundos, antes mesmo de conseguir entregá-la ao aniversariante.

Meu penúltimo mês no Yoga Institute avança, impiedoso. O calor piora a cada dia que passa e já chego a sonhar com uma boa carga d'água, daquelas que costumam cair na serra petropolitana durante o verão, o que não vejo desde que saí de casa.

Uma das primeiras coisas que farei no Brasil é passar um bom fim de semana no sítio de meu primo Mário, tomando banho de lago, cavalgando e passeando pelo mato, sentindo aquele cheirinho gostoso de capim-gordura misturado com bosta fresca de vaca e outros odores.

Chegam cartas e uma grande novidade: Vayú será pai. Provavelmente o moleque fará aulas de Yoga comigo, quando estiver maiorzinho.

Tenho praticado durante duas horas, pela manhã, uma série bem completa (*uddiyana-bandha*, *talāsana*, *konāsana*, *pascimottanāsana*, *dhanurvakrāsana*, *matsyāsana*, *sarvangāsana*, *shavāsana* e *pranayama*), seguida de 20 minutos de silêncio mental.

Enfim disposto a correr o risco, resolvo trocar meu dinheiro vivo no câmbio negro de rua, em Bombaim, onde a cotação é muito melhor que a oficial. Depois de algumas peripécias, sugiro ao cambista de aspecto nada confiável que fechemos a transação dentro de um táxi, com o que ele concorda. Dá tudo certo.

Pelo que ouço ao retornar para o instituto, essa é uma das poucas vezes que um aluno estrangeiro sai ileso e com lucro de tal aventura. Acho que o sangue de malandro carioca ainda corre vivo nas veias, apesar de congelado há cinco meses por aqui.

Volto para meu quarto e curto bastante o fato de estar novamente sozinho. A brisa passa pelo aposento e deixa em seu rastro uma gostosa sensação de leveza e tranquilidade.

Nessas últimas semanas tenho procurado diminuir o ritmo de atividade e descansar mais. Aproveitar esse que possivelmente terá sido o período mais sossegado de minha existência.

Venho tomando providências para partir sem afobação em julho. Para facilitar minha vida, enviei pelo correio um pacote com tudo o que não poderei transportar comigo – presentes para a família, roupas desnecessárias e livros, basicamente.

Nos intervalos, e a título de inspiração, leio *The Great Railway Bazaar*, de Paul Theroux, interessante narrativa de um escritor que viaja de trem por todo o Oriente.

Ontem à tardinha, conversando com Doctor Jayadeva, falei da minha atual condição mental, oscilante entre o sonho e a realidade. Ele me aconselhou a exercitar mais a autoentrega e planejar melhor as atividades que pretendo levar adiante quando voltar ao Brasil.

Parece que este último mês aqui não vai ser tão relaxado quanto imaginei. Doctor me encarrega de um Seven-Day Health Camp que começa no dia 10 de junho. Entre meus futuros alunos, ele cita um paulistano chamado Jak Pilozof, que parece já ter uma boa vivência no Yoga.

Bendito mingau

Acabo de retornar de nova e suarenta visita ao Centro, onde fui atrás de uma carteira de estudante internacional para ter direito a tarifas de trem e de ônibus reduzidas na travessia *overland*.

Trato de me restaurar com um bom chuveiro frio, ainda espantado com a naturalidade com que funcionários de uma agência de viagem indicada pelos Sherman vendem as carteiras e diversos outros documentos oficiais, como vistos e certificados de vacinação.

Enquanto esperava a minha vez de ser atendido, puxei conversa com um sujeito de uns 40 anos, que trajava uma túnica laranja e exibia, pendurados no pescoço, uma chupeta e um medalhão de madeira com uma foto do guru Rajneesh.

Ele era italiano e contou que estava lá tentando comprar o que entendi ser sua oitava renovação do visto de turismo. Mas, dessa vez, explicou, teria de ir pessoalmente ao departamento de imigração acompanhado do gerente da agência – quer dizer, a maracutaia começa e termina dentro da própria repartição pública.

Institucionalizada na burocracia, a corrupção é, para muitos indianos, uma herança maldita da colonização britânica.

Carteira de estudante, 70 rúpias; visto para um mês, 175 rúpias – com a tabela de preços afixada na parede sem a menor cerimônia, a agência de turismo que se esconde em um edifício cinzento no centro da cidade é, certamente, a mais requisitada pelos estrangeiros.

Começo a preparar o programa para o curso, no qual vou tentar enfatizar a noção de *ishvara pranidhana* e de Karma Yoga. Quero ter algo para mostrar ao Doctor quando ele voltar de suas férias de quatro dias. A seu conselho, tenho buscado exercitar a mente no sentido de uma maior autoentrega e fé em Deus como paliativo para a ansiedade.

Agora à noite, Natasha veio ao meu quarto para trocar ideias e me dar uns toques. Falou de certos aspectos do meu comportamento, que ela estava estranhando. Mas desconfiei que verbalizava as percepções do marido, pois eu pouco interagia com ela e persistia a disputa não declarada pela liderança informal do grupo. Ela observou o jeito como meu quarto é organizado e traçou uma analogia com minha atitude em relação aos demais. Disse que eu pareço excessivamente aferrado a minhas necessidades e à maneira como acho que as pessoas e as coisas deveriam ser. E que dessa atitude egoísta nasceria a minha intolerância a fatos e a pessoas que não se "enquadrem" no meu esquema idealizado.

"A vida e as pessoas são como elas são, e não como você gostaria que fossem", pontificou minha amiga, também ela psicóloga, como Bob. Já ouvira isso antes, do oficial do setor de recrutamento do exército que, a contragosto, carimbou no papel a minha tão cobiçada dispensa do serviço militar. Nunca saberei se ele disse isso em função dos resultados do meu teste psicotécnico que, propositalmente, sabotei. Na época, por orientação de amigos que já haviam passado pela experiência e conseguido a dispensa, desenhei uma casa e uma árvore sem o chão e, em uma folha à parte, a imagem de um homem de costas, sentado na praia em postura de meditação diante de um belo pôr do sol no mar.

Funcionou, não sei se pelos desenhos, se pela minha figura cabeluda e visivelmente inadequada – mesmo que por curto período – à vida militar ou por ele ter acreditado que eu era, como inventei, arrimo de família.

Apesar de discordar, ao menos em parte, da percepção de Natasha, agradeço o *feedback* e a ajuda.

Hoje, domingo, Christine convidou a Patty e eu para degustar em sua casa um autêntico mingau de aveia, feito com leite de búfala e adoçado com melado de cana.

Saímos de lá com aquela sensação de plena saciedade e o abençoado convite a repetirmos a dose durante os próximos domingos, até minha partida. Será uma ótima oportunidade de fortalecer um pouco mais o corpo, antes de enfrentar a viagem por terra até a Europa.

Ontem, comecei a ler *Secret India*, do Paul Brunton, um ótimo passatempo.

Questões de fé

1º de junho. Primeiro dos meus últimos 30 dias aqui e aniversário de Sita Devi Yogendra, nossa Mother, quando teremos uma função especial com música, declamação de poesias, discursos e homenagens.

Acordo com uma ideia que vinha tomando forma na cabeça há algum tempo.

Tenho pensado com frequência nos meus colegas do velho Colégio Zaccaria, onde passei a maior parte de meus anos de estudante. Os nomes e rostos desfilam na memória e imagino os rumos que terão tomado suas vidas.

Quem sabe não encontraria futuros alunos de Yoga entre esses bons companheiros de infância e adolescência, pessoas que receberam a mesma formação religiosa e talvez tenham se deparado com as mesmas questões de fé que enfrentei.

No embalo das reminiscências, volto ao colégio de padres italianos muito rígidos e ao menino devoto que ali mesmo aprendeu o catecismo e perdeu a fé na Igreja.

No dia da minha primeira comunhão, depois da cerimônia, o reitor do colégio, padre Eric, chamou meus pais à parte e sugeriu que considerassem meu encaminhamento para a vida religiosa. Segundo ele, a seriedade e o fervor com que participei dos preparativos para o grande dia tinham chamado a sua atenção. Por sorte minha, apesar de serem católicos praticantes, meus velhos não embarcaram na proposta.

Nunca poderia imaginar que seria um livro, emprestado sob promessa de segredo absoluto por um padre que todos adorávamos, o que abalaria minha crença no catolicismo. Editado por uma sociedade de psicologia inglesa, era uma coletânea de estudos de casos de regressão pré-natal durante o transe hipnótico. Ao relatar suas experiências, os pacientes forneciam detalhes de outras vidas que de outra forma não poderiam conhecer: nomes, endereços, descrições perfeitas, tudo verificado e confirmado pelos pesquisadores. Impressionante.

Fiquei assombrado com as histórias – até então, nunca tinha ouvido falar de reencarnação – e convencido de que tinham tudo a ver. Passei a buscar outras leituras e autores como Herman Hesse, Aldous Huxley, Desmond Morris, George Orwell, Ray Bradbury e Isaac Asimov, que se tornaram meus novos companheiros de cabeceira.

Daí para as experiências psicodélicas, as filosofias orientais e o Yoga foi algo bem natural, para mim.

Será bastante engraçado, patético, desalentador quando, anos depois, eu e a Márcia formos procurar esse mesmo padre, agora bem velhinho, para convidá-lo a celebrar nosso casamento. Ele logo se lembrará de mim e nos receberá muito bem, sacando a agenda de bolso para acertarmos a data. É quando eu, excitado com aquilo tudo, comento como tinha sido importante para a minha formação um livro que ele me emprestara acerca da existência de mais de uma vida. Para quê!

Ao ouvir minhas palavras, o padre reagiu tal qual, imagino, o diabo diante da cruz: "Eu nunca li nada assim nem emprestei livro nenhum sobre isso – só existe uma vida terrena, depois é o céu, o purgatório ou o inferno!". E sem mais dizer, retirou-se visivelmente aborrecido para o claustro, dando as costas ao jovem casal consternado. Saí do colégio decepcionado, convencido de que o padre já devia ter recebido algumas reprimendas da Igreja e não queria correr o risco de complicar seus últimos anos de vida e sacerdócio.

Chove pesado desde a madrugada. Cheiro de terra molhada, as plantas verdejantes e viçosas; o ar, até ontem abafado e sufocante, tornou-se fresco e revigorante. São as monções que, neste ano, chegam mais cedo que de costume.

Acabo de voltar de uma entrevista pessoal com o Founder. Uma conversa amena, em que ele perguntou sobre os progressos feitos no instituto e aprovou minha intenção de combinar as atividades de jornalista e de professor de Yoga, quando de volta a minha terra.

Passam-se três dias e continua a chuvarada, fazendo baixar em mais de 6 graus a temperatura. Noites frescas e bem dormidas, a mente tranquila e a vida correndo feliz.

Tenho complementado o desjejum com uma ou duas bananas: o corpo está me avisando que, com 61 quilos, não posso perder mais nem um grama. Nunca estive tão magro desde que fui operado das amígdalas, aos 20 anos.

Parece que estão vindo mais alunos que o previsto para o curso de uma semana.

Amanhã irei me vacinar contra a cólera aqui perto, no Hospital Municipal de Bandra.

Estou lendo *Black Elk Speaks*, do jornalista americano John G. Neihardt, sobre a vida de um curandeiro Sioux narrada na primeira pessoa.

Hoje é o meu último dia de boa vida até quarta-feira que vem. Como instrutor do curso, que é a minha última incumbência importante aqui, terei de me recolher mais cedo e despertar às 5 da matina durante os próximos sete dias.

Arremates

Doze horas diárias de atividade ininterrupta requerem concentração e não deixam espaço para pensamentos ociosos. No momento de agitação interna em que vivo, prestes a deixar o instituto e a Índia, esse curso de sete dias foi um paraíso de paz e de saúde mental.

"Acho que estou aprendendo mais com vocês do que vocês comigo, queridos." Ao fazer esse comentário ontem, ao final de uma das últimas aulas do curso, recebi dos meus alunos uma série de elogios e tive de me socorrer da modéstia – no caso, bem falsa. Sim, pois está mais do que clara, para mim, a minha queda por elogios. Uma fraqueza que as pessoas percebem e não hesitam em explorar. Mais um aspecto do ego a ser trabalhado.

É nesse estado de espírito, disposto a fuçar a caixa preta da personalidade, que na mesma noite resolvo conversar com Bob para tentar zerar e repor nos trilhos nosso relacionamento. E ele não se faz de rogado, expondo suas percepções sobre uma série de facetas minhas que eu ignorava ou fingia ignorar. O que me pareceu mais significativo – entre os diversos pontos discutidos – foi, nas palavras literais do doutor em Psicologia, minha "falta de habilidade em me expressar verbalmente com pessoas de quem não gosto, sem demonstrar antipatia e sem ferir".

Imediatamente, me vêm à cabeça as inúmeras vezes que sonhei com cacos de vidro espetados na garganta – quem sabe, as profundezas da alma tentando me advertir de minha falta de cuidado com o poder da palavra. Quantas pessoas já não devo ter machucado e afastado em função desse temperamento excessivamente crítico?

Compreendo também que meu jeito emotivo pode atrapalhar a comunicação, especialmente com estrangeiros, e que o estilo "quente" dos latinos costuma ser confundido com agressividade verbal. Levei tudo isso para o travesseiro e, agora, estou tratando de assimilar a imagem no espelho que Bob me apresentou. Sei que nem tudo o que ele disse é correto, se levar em conta o jeito brasileiro de se relacionar.

De volta ao Seven-Day Health Camp, a convivência com o grupo, que é bastante heterogêneo, tem representado uma experiência profunda e gratificante de relacionamento interpessoal. São indianos e estrangeiros de idades, interesses e ocupações variados, que aprendem comigo um pouco do pouco que sei e me ensinam, o tempo todo, sem saber.

O processo é intenso, a um só tempo revigorante e cansativo. Agora, na reta final, os alunos ficam atrás de mim durante os intervalos, querendo se abrir um pouco mais e receber instruções personalizadas. Maravilhosa essa experiência de conduzir pessoas.

Amanhã volta ao Brasil o Muciano, alagoano gente fina e um dos últimos remanescentes do grupo. Estará em breve no Rio e leva cartas minhas para a família e amigos.

Faço uma última visita a Walter e Glória e ganho de presente um livro sobre Shri Ramana Maharshi, um genuíno homem santo do século 20. O ambiente no *ashram* vedantino de Powai é calmo e pacífico, com aquela vegetação exuberante por toda a volta. Creio que é um dos últimos lugares de Bombaim onde ainda se encontra tanto verde e espaço aberto.

À noite recebo uma carta, que chegara pela manhã, de minha benfeitora Angela. Informa que a passagem de volta ao Brasil, saindo de Le Havre, na França, está garantida – e com 100% de desconto, por oferta do próprio presidente do Lloyd. A notícia traz uma sensação de alívio, pois desde que saí de casa nada estava acertado sobre meu regresso.

Ontem, Phillip Romeo, um texano que foi meu aluno no curso, me presenteou com dois filmes coloridos de 36 poses. Em retribuição, fiz questão de acompanhá-lo até o Centro, onde ele precisava resolver algumas pendências. Aproveitei para comprar tecidos estampados para minha mãe e para a amiga Eneida, mulher de Vayuananda, e um cachimbinho de haxixe muito esperto para a coleção dele. Providenciei a costura de um pacote, com tudo dentro, em uma das tendinhas ambulantes instaladas em frente aos correios e despachei para o Brasil.

Restam-me exatos 10 dias no Yoga Institute.

Ontem detectei um minúsculo parasita em minhas fezes. Doctor Jayadeva diz que não deve ser importante, mas que eu posso pedir um exame em uma das clínicas da vizinhança. Resolvo deixar quieto.

Estou bastante animado com a perspectiva de reingressar no mundo dos homens.

Saímos todos para celebrar minha despedida e da Patty e o aniversário da Natasha com um almoço no The Horse Shoe, na cidade. Comemos a valer, com direito a rolinhos primavera, de entrada, e *burfis* e leite de búfala temperado com cravo e cardamomo, de sobremesa.

Patty e eu iremos nos reencontrar em Delhi, onde passaremos três dias em um *ashram* jainista.

30 de junho, chegou o dia D. Já são 6 da tarde nesse abafado verão indiano. Tomo um chá delicioso com Founder e Sita Devi, que me dão de presente de despedida um lindo minitapete típico da Caxemira.

Na véspera, ouvimos de Shri Yogendra, em uma palestra *en petit comité* para os alunos que estavam prestes a deixar o instituto, que muitas e importantes mudanças estavam a caminho da humanidade. "Não será fácil para vocês manterem o estilo de vida e continuarem a praticar o que aprenderam aqui. Meu conselho é que busquem cercar-se de outros que pensam da mesma forma, comprem um bom pedaço de terra em áreas altas e onde haja muita água, pois tempos duros virão."

Da despedida de Santacruz East, minha última e mais vívida lembrança é o olhar doce e terno de Doctor Jayadeva, meu mestre e maior amigo nesses tantos meses. Imagino se algum dia tornarei a estar aqui com ele e os demais Yogendra, a adorável família iogue que me acolheu como um filho.

3

OVERLAND

Entre jainas e egos

Chego à capital indiana após um voo sem incidente digno de nota. Almoço com Patty e sua amiga Liz, uma inglesa que trabalha em uma ONG humanitária. Passaremos no apartamento dela nossa primeira noite em Nova Delhi. Mais tarde, saímos para um delicioso jantar vegetariano na casa de outra amiga, Boopy – esta, indiana.

Durante a refeição, Patty e eu decidimos cancelar nossa ida a Rishikesh: ela acha que devo me poupar para a viagem por terra até a Europa e, de sua parte, prefere voar direto daqui para a Inglaterra.

Na manhã seguinte, vou até a estação central comprar minha passagem de trem e consigo um bilhete para o dia 7 de julho no "31 Down", o noturno para Amritsar, a cidade dos *sikhs* e do templo dourado.

Caminhar pelo centro de Delhi é uma experiência desconcertante, pois o tráfego de pessoas e de veículos consegue ser ainda mais volumoso e caótico que o de Bombaim. Nas ruas, diante do frenético desfile de bicicletas, riquixás de tração humana ou motorizados e outros bizarros meios de locomoção, mesclado ao cheiro de fritura e de especiarias e a uma delirante sonoplastia, constato que até então não havia testemunhado a cena urbana típica do país.

Tomo dois *lassis* em um bazar das redondezas. Os do norte da Índia, que se estende daqui às neves eternas dos Himalaias, são menos gordurosos e mais refrescantes. Servido em copos altos de alumínio, levam praticamente o dobro de gelo moído e ficam quase liquefeitos, além de não trazerem no topo a deliciosa camada de nata grossa.

Excitada pelo retorno ao mundo dos homens, a mente está ávida por novas sensações e impressões. Apesar disso, mantenho minhas práticas e procuro preservar a atitude interior de entrega a um desígnio maior.

Registro tudo isso já sentado na escrivaninha de meu aposento no Sadhana Kendra, o *ashram* jainista onde fomos convidados a falar sobre o Yoga de Patanjali em um seminário de três dias. Nossas acomodações são muito simples e tratamos de nos preparar para noites mal dormidas.

O jainismo, junto com o hinduísmo e o budismo, é uma das três religiões mais antigas da Índia. Tem entre seus preceitos centrais a não violência (*ahimsa*): os adeptos não comem carne de nenhum tipo nem certos vegetais como a cebola e o alho, além de não usarem produtos de origem animal. Os seguidores da linha ortodoxa sempre se vestem de branco e só saem à rua com a boca coberta por uma máscara de tecido, a *mukhavastrika*, a fim de evitar a ingestão involuntária de pequenos insetos.

Vim mais por curiosidade e para dar a Patty apoio moral, que acabou se provando necessário. Após sua primeira palestra, no primeiro dia, a coisa ameaçou desandar: os jainas, parece, não querem ouvir falar de Yoga clássico, e sim mostrar aos visitantes o quão superior é a sua crença. Terei de falar para o vazio, sabendo que o que disser resultará em discussões inócuas. Resolvemos, eu e Patty, adotar a solução que nos parece mais sábia: dar o nosso recado e deixá-los discutindo com as moscas, que abundam.

O corpo funciona a contento, embora um pouco ressentido da mudança na alimentação. Com o calor de 42 graus, tenho bebido litros e mais litros de água, mas a sede permanece, insaciável.

Durmo bem, apesar da dureza do estrado de madeira. Pela manhã, faço sozinho minhas práticas no terraço da casa, concentrando-me para a missão. À noite, darei a primeira das três palestras que me foram confiadas.

O líder daqui, sujeito de seus 60 anos, trajado de branco como os demais jainas, é bastante carismático e, segundo me informam, um milionário desiludido que resolveu dedicar-se à vida espiritual. Foi ele quem doou o terreno para a construção do espaço, concretizada com donativos dos fiéis. Parece ser um homem de boa-fé e vocação religiosa, mas o ego inflado por detrás do santo semblante reflete claramente a condição privilegiada do sujeito no mundo material.

Falo durante uma hora e meia sobre o Yoga de Patanjali e penso que dei conta do recado. Ledo engano. Mal me calo, o dono do pedaço toma a palavra e, incentivado por vigorosos acenos de cabeça dos acólitos, revê à luz do jainismo cada um dos conceitos que apresentei, deixando clara a supremacia de sua religião. Indefeso na arapuca, cuido para não transparecer a irritação ante o que me soa como grande descortesia do anfitrião.

Apesar de frustrante, a experiência serve como exercício de tolerância, autocontrole e humildade – qualidades que, reconheço, não são exatamente o meu forte. E talvez, mais importante, para mostrar a que ponto podem levar a vaidade e o autoengano. Em conversas reservadas, depois, percebo que nem todos os que frequentam o lugar estão cegos para o fato de que o poder do guru emana mais da realização financeira do que da espiritual.

Na manhã seguinte, faço nova palestra seguida de perguntas e respostas, em uma sessão que dura pouco mais de duas horas, com menos "ruído" e maior receptividade dos participantes.

Acabam de chegar do aeroporto um francês e duas francesas, membros de uma organização de auxílio internacional da qual Patty, Liz e Boopy participam. Incrível a disposição de gente tão jovem de se privar do conforto de sua terra para fazer trabalho voluntário na Índia. Isso, sim, é Karma Yoga, na melhor acepção do termo.

O calor está quase insuportável, apesar dos ventiladores de teto em todos os aposentos. A comida apimentada faz suar ainda mais, o apetite míngua e me sirvo seguidas vezes de laranjada gelada, tirada de imensos recipientes metálicos com conchas de madeira.

Patty e eu somos convidados a jantar e pernoitar a segunda e última noite do seminário na casa do guru. Após uma lauta e bem condimentada refeição em família, durmo tranquilo no sofá da sala dos anfitriões, onde sou acomodado.

Pouco antes do amanhecer, desperto após um sonho erótico completo, se me faço entender. Passo as próximas duas horas acordado, na maior agonia, tratando de eliminar com água e sabão os vestígios da noite. O tempo todo, preocupado em não fazer nenhum ruído e não acordar os residentes, com as pás do ventilador de teto acionadas na velocidade máxima para apressar a secagem do forro do sofá. Não preguei mais o olho, mas tive 50% de êxito. Arremato o serviço cobrindo a cena do crime, quase desfeita, com uma imensa almofada. Nunca saberei o resultado final.

Na manhã seguinte, em um dos intervalos, levam-me até um indiano na faixa dos 40, que me apresentam como um *expert* em Hatha Yoga, a parte do Yoga que engloba as posturas físicas, os exercícios respiratórios, as técnicas de concentração e as práticas de higiene corporal.

Indiferente à minha disponibilidade ou interesse, o iogue me chama de lado e, sem dizer palavra, põe-se a demonstrar sua habilidade em dois exercícios de ativação do diafragma (*uddiyana-bandha* e *nauli*), que, de fato, ele domina como eu nunca vira igual. Os músculos do abdome do sujeito, definidos e bem trabalhados, obedecem aos comandos do mestre como cãezinhos adestrados – só falta darem cambalhotas.

Para que os não praticantes de Yoga possam entender a cena, cabe uma breve descrição da técnica de *nauli*. De pé ou sentado no chão de pernas cruzadas, após esvaziar completamente os pulmões, o praticante contrai e isola o músculo reto abdominal e o exercita em movimentos ondulados. Trata-se de uma vigorosa massagem interna dos órgãos abdominais, que tem como objetivo maior ativar a energia do *chakra manipura*, o lótus das 10 pétalas, situado acima do umbigo.

Visivelmente orgulhoso da própria *performance*, meu amigo se propõe a me ensinar outras técnicas e a me acolher como discípulo, do que, tão gentil quanto possível, declino. No íntimo, me incomoda essa valorização excessiva dos aspectos físicos do Yoga, que pode facilmente contribuir para fortalecer o ego, ao invés de subjugá-lo. Foi esse tipo de distorção, creio, que acabou por confundir certas práticas do Yoga com o faquirismo e fez surgirem dúvidas, na Índia e no estrangeiro, sobre a seriedade e o valor da ciência de Patanjali.

Outro convite similar – esse, partido diretamente do guru e anfitrião – chega no final da tarde, quando ele me chama para um chá em particular e me convida a permanecer e estudar no *ashram* sob sua orientação direta. Mais uma vez, agradeço a deferência e explico que não poderei ficar, pois tenho um compromisso com o Yoga e um projeto a desenvolver no Brasil.

Ele sorri compreensivo e, à guisa de presente de despedida, me ensina uma técnica respiratória chamada *sukshma bhastrika*. Consiste em praticar a respiração do fole (*bhastrika*) sem fazer ruído, concentrando a mente nos centros energéticos sutis (*chakras*), a partir do topo da cabeça até a região do períneo. Cada concentração, de 15 segundos, deve ser feita durante o movimento vibratório quase imperceptível do diafragma.

Nosso homem santo me reserva uma última e agradável surpresa, ao convidar-me para transmitir a mensagem de encerramento do encontro. Aceito, honrado, o convite e faço uma breve fala sobre a importância de estarmos abertos a diferentes crenças e opiniões no campo espiritual. Tão logo me calo, ele toma a palavra para, em um discurso veemente em que me cobre de elogios, agradecer a minha participação.

Nunca, quero crer, um leonino despendeu tamanha energia para sublimar a própria vaidade diante de tantos louvores sobre seu conhecimento, sua seriedade, sua aplicação. Desta feita, meus esforços são inúteis: mal consigo passar pela porta, de tão inflado fica o ego. Agora no papel mais difícil, o de protagonista, constato pela terceira vez em poucos dias como é fácil se deixar corromper, sobretudo quando estão em jogo as *personas* espirituais.

Entre os aspirantes à autorrealização e à verdade suprema, concluo, a soberba dissimulada é um dos últimos bastiões do ego – e talvez o mais difícil de conquistar.

Água de barrica

8 de julho. A travessia de trem de Delhi para Amritsar na classe econômica vale pela experiência ou, em palavras mais honestas, para nunca mais. Dentro de um vagão apinhado de almas em estado de excitação febril, carregadas de bagagens dos mais diversos tipos, formatos e tamanhos – animais, inclusive –, passo uma noite inesquecível. A fumaça negra e acre que se imiscui pelas frestas das janelas enche de carvão pulverizado cada poro do corpo e deixa as narinas e a garganta em petição de miséria. Apesar de não ter trazido nenhuma coberta para forrar o banco de ripas de madeira e aliviar o desconforto, consigo dormir quase a metade das 10 horas do percurso, o que considero uma grande vitória.

Lise e Patty deram o adeus de filme na estação e, desde então, estou de novo entregue a meus pensamentos – justo agora, acomodado em um assento no ônibus que me levará até Lahore, na fronteira com o Paquistão.

No trem, em uma das paradas, morto de sede, arrisquei-me a beber água de caneca vendida por um ambulante carregado de barricas, uma figura medieval saída das trevas da estação. Apesar de saber que infringia a regra básica do viajante estrangeiro nessas paragens inóspitas, e que estava testando os limites da proteção do invisível, vi uma família inteira se servindo da mesma fonte e embarquei na aposta. Quem viver...

Ainda em Amritsar, visito o Golden Temple – uma construção impressionante, com cúpulas revestidas de ouro, sempre lotada de seguidores do sikhismo – e compro uma bolsinha de couro para pendurar no pescoço. Não é exatamente o que procuro, mas já acomoda o dinheiro em local mais seguro.

Também na cidade dos sikhs, a caminho da estação rodoviária, um episódio que não poderia ficar fora deste relato se deu ao me aventurar de mala e cuia em um curto trajeto de riquixá.

Apesar de sua frágil compleição, meu carregador não hesitou em aceitar a carga humana acrescida da mochila e do saco de marinheiro. A certa altura, diante de um elevado sobre a ferrovia que ele visivelmente penava em vencer, me apiedei do coitado e saltei do veículo disposto a dar um empurrãozinho. Para quê! Muito contrariado, me obrigou com gestos vigorosos a retomar meu assento. Na certa, pensei, ele temia não receber a tarifa combinada, caso eu resolvesse pleitear um abatimento em função da ajuda.

De manhã cedinho, no ônibus, como os últimos sanduíches de queijo que Lise preparou e, daí por diante, me alimento apenas de líquido: quatro *lassis* e um refrigerante.

Chegado em Lahore, parto para o endereço indicado pouco antes de embarcar no trem em Delhi. No Rubella Hotel, consigo um quarto literalmente digno da mixaria de 11 rúpias que me cobram – uma pocilga infestada de pulgas e percevejos, mas que meu dinheiro pode pagar.

Os intestinos entram em revolução, primeiro sinal de que algo não está bem. Sinto uma vontade absurda de beber líquido o dia inteiro, calculo ter tomado uns quatro litros entre *lassis*, refrigerantes e chá. Volta e meia, lembro-me do ambulante na parada de trem e de suas barricas de água.

Consigo descansar razoavelmente bem à noite e desperto às 5 me sentindo um pouco melhor. O apetite está a zero e a compulsão por líquidos só aumenta. Começo a temer pela saúde e me agarro à fé para prosseguir.

Sigo para a estação ferroviária, onde pretendo comprar um bilhete para Peshawar, minha próxima parada, na fronteira com o Afeganistão. No caminho, sou abordado por um rapaz paquistanês muito simpático e bem-falante, que se oferece para servir de guia em troca de um dinheirinho. Assim como muitos outros jovens nessas paragens, Ahmed já ouviu falar e gosta do Brasil e dos brasileiros, porque é fã do futebol e de Pelé.

Nosso roteiro começa com uma visita à principal atração turística de Lahore que, com motivo de sobra, é o orgulho dos locais. Prodígio da arquitetura islâmica do século 17, a mesquita de Badshahi tem capacidade para mais de 100 mil fiéis e, segundo meu recém-improvisado cicerone, é a maior do mundo. Para dar uma ideia do colosso, o pátio tem nada menos do que 26 mil metros quadrados. Registro tudo com a Olympus Trip que, ainda no Rio, minha querida amiga e companheira de estudos Rosane fez questão de emprestar para ter certeza de que eu traria fotos da viagem.

Perambulamos pelas ruelas e bazares da cidade antiga, onde a memória etérea do calçamento de pedra ainda está impregnada do medo e do sangue dos milhares de inocentes trucidados nos conflitos armados entre hinduístas, de um lado, e muçulmanos, do outro, em seguida à desastrosa divisão do território para a criação do Paquistão, em 1947.

Cruzamos todo tipo imaginável de estabelecimento comercial: vendedores pitando narguilês, acocorados à entrada de lojinhas minúsculas; transeuntes a cavalo, em charretes e riquixás. Para completar o cenário virtual dos filmes de *Simbad, o marujo*, só faltaram os guardas do sultão, tapetes voadores e ciclopes, mas a viagem ainda não terminou.

Ao final do circuito, ao passarmos por um consultório médico improvisado à beira da rua, resolvo perguntar sobre os sintomas que vêm me afligindo desde Delhi. Para meu alívio, o doutor assegura que estou apenas com insolação. Ele fornece pílulas de citrato de sódio para limpar os rins e recomenda beber muito líquido com pequenas poções de sal. Por ora, a suspeita de hepatite, que me assombra, está afastada.

Enfim, chegamos à estação, onde gratifico e dispenso meu prestimoso guia e compro um bilhete na primeira classe do Khyber Mail, para Peshawar. Resolvo que não preciso exagerar na economia e posso me permitir ao menos uma viagem confortável nessa longa travessia.

Com a carteira de estudante internacional, consigo desconto no tíquete, que compro por 38 rúpias (US$ 4). Aqui em Lahore já troquei US$ 15 por 150 rúpias paquistanesas. Ou seja, estou US$ 10 acima de meu orçamento diário de US$ 5.

"The best hashish"

Assim que chego em Peshawar, entro em um pequeno restaurante para o desjejum, pois o apetite, mesmo que em parte, retornou. Como *naan*

– um pão árabe assado em um forno típico, o *tandoor* – com manteiga, frutas e coalhada. Decido passar a noite em um hotel melhor, pois preciso estar bem descansado para a longa viagem de ônibus até Cabul.

Os cerca de 500 quilômetros de trem de Lahore até aqui foram tranquilos e dormi bem umas sete horas seguidas. Viajei na mesma cabine com três paquistaneses e um belga, que passou metade da noite em sono profundo, esticado no chão do corredor. Nada como a experiência.

Compro incenso, um melão e uma manta de tecido rústico para minhas práticas de Yoga. Pode ser útil também para garantir o mínimo de conforto, caso tenha de encarar novos assentos de madeira.

No hotel, tomo meu primeiro banho de verdade desde que deixei o instituto; lavo roupas e sento para praticar alguns *āsanas*. Surge um terrível desconforto no abdome, a pressão cai e sinto muita náusea, como se a mucosa do estômago estivesse toda arrepiada. Fico apavorado, pensando no pior: cólera, hepatite, difteria e outras doenças brabas, que são comuns por essas bandas e derrubam qualquer mortal. Rezo para melhorar logo e saio para comprar pílulas de cloro, com que passarei a tratar toda a água que tiver de consumir. Valeu a pena pagar 50 rúpias pelo quarto: tenho espaço para fazer meu Yoga, ventilador de teto e, acima de tudo, limpeza.

Descubro perto do hotel um lugarzinho para comer e, apesar da completa inapetência, consigo empurrar para dentro um sanduíche de tomate, um *lassi* e um prato de coalhada. Os sintomas que me perturbaram pela manhã regridem, mas continuo sem fome nenhuma. De qualquer forma, não posso me dar ao luxo de cair doente, pelo menos até chegar a "terra firme", na Alemanha.

À noite, no refeitório do hotel, janto arroz, verduras e um *lassi*. Entabulo conversa com o vizinho de mesa, um holandês de uns 30 anos que é professor de francês, pós-graduado em Coimbra, fala português e tem uma irmã morando no Brasil. Mundo pequeno, este.

Cerca de 200 quilômetros de ônibus e muitas horas adiante, já no Afeganistão, depois de eliminar no caminho uma absurda quantidade de catarro, o apetite retorna e volto a me sentir bem, restabelecido do que parece ter sido apenas uma gripe mal curada. Tomara.

Decido passar uns dias em Cabul, pois consigo me acomodar em um hotel barato mas confortável cercado de pequenos restaurantes vegetarianos. Quase todos os hóspedes são jovens estrangeiros. No final da tarde, no *lounge*, circulam notícias de gente conhecida que caiu no conto do haxixe e está na prisão, amargando a ingenuidade e a atração por dinheiro fácil.

Um casal de ingleses pouco mais velhos, com quem converso e compartilho meus planos, adverte: se na fronteira algum sujeito me convidar para tomar um chá em sua loja e comprar baratinho *"the best hashish in the world"*, devo recusar porque é uma tremenda fria. Esse sujeito, explicam, certamente é parente ou conhecido próximo dos oficiais da imigração – afinal, todos pertencem a alguma das tribos que há séculos habitam a região. Fechado o negócio "imperdível" e cruzada a fronteira, o otário será devidamente revistado e preso por tráfico de drogas – com o detalhe sinistro de que poderá nem chegar a ver as grades, e sim ser levado a algum canto ermo, assassinado e ter os pertences, inclusive o passaporte, convertidos em dinheiro.

Em suma, quem é preso e formalmente processado tem mais é que agradecer ao anjo da guarda e se conformar com as visitas de parentes e amigos, se houver, ou de voluntários de organizações humanitárias estrangeiras, a quem não falta serviço.

Como por aqui a heroína é fácil de obter e de primeiríssima qualidade, a capital do Afeganistão atrai drogados de todas as partes do mundo. Nas ruas, é comum cruzar com *junkies* louros e de olhos azuis vagando como zumbis em trajes molambentos.

Lembro das jovens e esquálidas prostitutas brancas que vi em Bombaim e volto a imaginar a razão pela qual abandonaram uma vida de relativo conforto e segurança para cair nessa situação miserável. Enquanto estou imerso nessas reflexões, o *rock'n'roll* que não para de soar no *lounge* e no refeitório do hotel ganha tons sinistros. Agradeço a Deus por só ter visitado este lugar bem depois de meus anos loucos.

Seguindo o conselho do Bob, visito o American Center local – um oásis com ar refrigerado, máquinas de refrigerantes, posto de correio e serviços consulares, entre outras amenidades disponíveis para os nativos dos Estados Unidos e estrangeiros de países amigos. É uma espécie de "embaixada" onde os americanos encontram um ambiente familiar em que podem se refugiar, mesmo que por poucas horas, nessas terras longínquas e, não raro, hostis.

Na rua, sou atraído por uma coleção de facas artesanais lindamente trabalhadas, expostas sobre um pano em um estrado pequeno de madeira. Pego uma das facas, pergunto o preço e acho caro. O vendedor tenta iniciar uma negociação, mas como estou com pouca grana e sem paciência, me limito a fazer um sinal negativo com a cabeça e saio andando. Um erro fenomenal.

Furioso e berrando coisas que obviamente não entendo, o rapaz me persegue pela rua e ameaça me espetar com a faca. Sou salvo por anjos da guarda travestidos de transeuntes e chego inteiro, mas apavorado, ao hotel. Ao ouvirem minha triste história, os interlocutores de plantão na recepção me explicam que aqui, como na maior parte do Oriente, existe todo um ritual a cumprir para se comprar qualquer coisa. Tocar no produto, perguntar o preço e dar as costas ao vendedor sem ao menos barganhar é considerado ofensa grave. Quase mortal, como pude constatar.

No dia seguinte, já escaldado, trato de seguir à risca o roteiro, em um bazar, na compra de um belo suéter artesanal de lã de camelo. Aceito sem hesitar o convite do dono para entrar na loja, sento no tapete e tomo chá. Negocio o preço até quase a exaustão – as chispas de felicidade que saltam dos olhos do vendedor confirmam o sucesso de meu desempenho – e, depois de muita conversa fiada, saio de lá incólume e contente com minha aquisição, pela qual desembolsei o equivalente a US$ 5.

Ainda sobre compras no Afeganistão, a maioria dos turistas europeus que visita o país fica muito interessada nos belíssimos tapetes e artigos de lã e de couro finamente produzidos pelas tribos locais, além de antiguidades. O povo é mais hospitaleiro que o do Paquistão, mas nunca tão amistoso quanto os indianos.

Já deixei meu passaporte na embaixada do Irã, para o visto. Amanhã, buscarei o documento e o levarei à embaixada da Turquia, com o mesmo objetivo. Meus planos são cruzar o Afeganistão de ônibus até Herat e, de lá, seguir para Meshed, na fronteira com o Irã. Depois, prosseguirei de trem ou de ônibus para Teerã, seguindo direto para Istambul. Uma vez na Turquia – quem sabe, na Grécia –, meu projeto é arranjar um cantinho em algum lugarejo à beira-mar e me deixar ficar ali por uns 10 dias, esquecido do mundo.

Na rota da seda

Estou hospedado em um pulgueiro, em Herat, com o bilhete para a fronteira do Irã no bolso. O ônibus para Meshed parte às 7 da manhã seguinte. Divido o aposento diminuto, o único disponível no muquifo, com meu novo companheiro de estrada: Surendra, um jovem *sikh* indiano que, em matéria de viagem internacional, tem ainda menos experiência do que eu.

Incumbido pelo pai de fazer contatos comerciais para o negócio da família, ele está a caminho de Londres, onde o aguardam parentes. Eles produzem artefatos hidráulicos no Punjab, e meu infeliz amigo é obrigado a carregar, além dos pertences pessoais, um surreal mostruário de torneiras, válvulas e conexões, tudo atochado em uma mala grande e dura que só com muito esforço se consegue erguer do chão.

A gente se conheceu no ônibus, no percurso de Cabul até aqui. Mal acreditei, ao embarcar no velho lotação (idêntico aos da linha Glória-Leblon dos meus tempos de estudante), que chegaríamos ao destino. Com o topo atulhado de bagagens variadas (galinhas vivas, inclusive), o veículo que parecia saído de um ferro-velho cumpriu heroicamente sua missão, atravessando uma estrada quase sempre deserta sob um sol escaldante, durante o dia, e um frio de rachar, a partir do anoitecer.

Paisagens belíssimas, pontuadas aqui e ali por grupos nômades acampados em abrigos rústicos no meio do nada, com seus bens mais preciosos: cavalos, burricos, ovelhas e camelos. Mulheres, que para eles têm valor secundário, não havia à vista. No Passo Khyber, costeando desfiladeiros de arrepiar qualquer pessoa minimamente dotada de senso de perigo, pudemos avistar guerreiros de tribos locais, armados até os dentes, montando guarda em posições estratégicas.

Dois incidentes marcam a viagem. Ao embarcar no ônibus, lépido e fagueiro, com meu cantilzinho metálico cheio de água gelada devidamente higienizada com cloro, trato de me mesclar aos demais sem chamar muita atenção. Acho curioso ver quase todos os passageiros trazerem a bordo, além de sacolas com conteúdos insondáveis, melancias e melões. Só mais tarde entendo a finalidade das frutas. E acabo frustrando, da forma mais inesperada possível, a intenção de passar despercebido.

Surpreso e incomodado em ver que, apesar do calor sufocante, as janelas do ônibus permanecem cerradas, resolvo ser hora de alguém tomar uma providência e trato de abrir a janela do meu lado, que está um tanto emperrada. Sou interrompido no ato pelos protestos veementes e ininteligíveis dos companheiros de viagem que, pelo gestual, parecem não estar gostando da minha ideia. Apesar disso, insisto e, depois de muito esforço, consigo abrir uma fresta de uns quatro dedos para receber em cheio no rosto uma lufada de calor similar à de um forno de padaria, insuportável.

Desesperado, agora debaixo de uma onda de risos e comentários jocosos, tenho de pedir ajuda aos vizinhos de assento para cerrar novamente a janela. Só então entendo que a temperatura interna é bem mais suportável que a de fora e que, para o bem de todos e a felicidade geral, o melhor é mantê-la assim. A essa altura, já me tornei o centro das atenções, apesar de não entender bulhufas do que dizem.

Em cada parada – e são muitas, sempre perto de algum regato –, assim que saltam do ônibus, todos se apressam a colocar de molho seus melões e melancias, para recolhê-los afobados tão logo o motorista torna a dar partida no motor. Um autêntico ritual que, para mim, não faz o menor sentido. Mais adiante, sinto sede e resolvo finalmente estrear o meu cantil, apenas para descobrir que o conteúdo está tão quente que já não serve a seus fins. Observando a cena, um passageiro sentado atrás de mim se penaliza e me oferece uma fatia suculenta e bem fresca de sua recém-aberta melancia, que mata minha sede com louvor. O ato solidário e fraterno é repetido até o final do trajeto e fica marcado na lembrança.

Nessa região que estamos atravessando se encontram as principais interseções da Rota da Seda, que desde tempos muito remotos viabilizou rico comércio e intercâmbio cultural entre cidades do Oriente e do Ocidente. Celebrizada pela narrativa de Marco Polo, essa rota atingiu o auge da atividade entre 300 a.C. e 200 d.C., quando cobria desde os territórios romanos do Oriente Médio até a fronteira da China.

Marfim da Índia, cavalos da Sibéria e da Mongólia, rubis e granadas do Afeganistão, tapetes da Pérsia e da Ásia Central, além de escravos, eram alguns dos tesouros incorporados às caravanas e comercializados ao longo da travessia, parte da qual iremos vencer de forma bem menos épica em nosso valente e fumacento lotação.

Agora na fronteira, a impressão é de que a imigração iraniana nunca vai terminar o trabalho de carimbar nossos passaportes. Surendra quase teve de voltar, pois seu certificado de vacinação estava vencido. Desesperado, veio correndo me pedir ajuda, morto de medo de não ter como justificar o fracasso precoce da missão que lhe foi confiada pelo pai. Conversei com um dos oficiais, expliquei-lhe o drama e antecipei que meu colega estava disposto a meter a mão no bolso para regularizar a situação. Assim foi.

Ainda na fila para carimbar o passaporte, um afegão me aborda todo sorridente e me convida para tomar um chá em sua loja, isso por meio de um misto de mímica e de duas ou três palavras em inglês. Eu já o observara fazendo a mesma coisa com outros estrangeiros na fila, mas não tinha ouvido o que dizia. Da algaravia que ele me dirige, excitado, quatro palavras soam inconfundíveis: *tchai* e *the best hashish*. "*Vade retro*", penso, mas prefiro esboçar um sorriso inocente e sinalizar com a cabeça que não estou interessado.

Náufrago no deserto

Na rodoviária de Meshed, por um lance de sorte e graças à ajuda de dois iranianos bastante solícitos, consigo comprar o último bilhete para um ônibus que parte dentro de meia hora para Teerã. Não posso perder a oportunidade, pois, devido a um festival religioso, só se encontram passagens para sair daqui de trem ou de ônibus dentro de três dias.

Me acomodam literalmente no fundão do veículo, em um banco improvisado em cima do motor, onde passo as próximas 16 horas nas posições mais esdrúxulas tentando vencer o desconforto. Que só se ameniza à noite, nas montanhas, quando o calor e a vibração ajudam a embalar o sono.

Em Teerã, compro meu bilhete no ônibus que parte dentro de dois dias para Istambul, uma viagem de 2.500 quilômetros em 48 horas que espero completar ileso.

A muito custo, consigo um quarto em um hotel de quinta categoria. O aposento – uma pocilga tão pequena e abafada que sou forçado a dormir de porta aberta – é sujo e fedorento; o colchão, todo mofado, revela na coleção de manchas as precárias condições higiênicas de meus antecessores.

Pelo menos tenho onde guardar minhas coisas: como no último pouso, em Herat, as portas aqui não têm fechadura, e sim ferrolhos internos e externos que o hóspede mantém trancados usando seu próprio cadeado.

O banho diário, que faço questão de manter, tem de ser em outro lugar, e pago, pois o hotel não tem chuveiro. Mal vejo a hora de dormir de verdade em uma cama limpa de um quarto arejado, um conforto trivial que, nas presentes condições, se transforma em sonho de consumo.

Passo dois dias na capital da antiga Pérsia batendo perna para todo lado. A cidade é um misto do antigo e do moderno. Os persas são mais altos e bem-apessoados, e na rua vejo muitos passarem trajados de terno e gravata. Atravesso um parque florido e cheio de árvores, muito bem cuidado.

Visito o museu nacional e sua bela coleção de documentos e artefatos, boa parte dedicada à religião fundada pelo profeta Zaratustra, que os gregos chamavam de Zoroastro. Surgido uns 1.500 anos antes de Cristo, o zoroastrismo foi talvez a primeira manifestação do monoteísmo. Dizem os historiadores que alguns conceitos saídos dessa antiquíssima religião persa, como o paraíso, a ressurreição, o juízo final e a vinda de um messias, viriam a influenciar o judaísmo, o cristianismo e o islamismo.

Em toda parte, a língua é um obstáculo permanente, pois poucos arranham o inglês. Sinto também mal disfarçada antipatia, para não dizer desprezo, no olhar de meus interlocutores nos bazares, padarias, restaurantes e no hotel. De forma geral – confirmo em conversas com outros forasteiros –, os ocidentais, sobretudo os caucasianos, não andam muito bem-vindos nos últimos anos.

Na verdade, já está em curso, nos bastidores do poder, a revolução dos aiatolás que menos de três anos depois, em 1979, culminará na fuga do xá e da família real do país, com a transformação do Irã em uma república islâmica e a ascensão ao governo dos radicais xiitas de Khomeini.

Na última noite, os estrangeiros hospedados no hotel – entre eles, futuros companheiros de viagem no ônibus para a Turquia – promovem uma festinha *privé* no terraço, onde alguns resolveram passar a noite. Conseguiram, sabe-se lá onde, uma garrafa de bebida que circula de mão em mão até a última gota. Sinto um cheiro familiar de haxixe e me surpreendo com a ousadia dos caras.

Um deles, alemão, ao saber que há um brasileiro no grupo, faz um discurso exaltado contra a ditadura militar e os abusos cometidos contra os direitos humanos no Brasil. Não me faço de rogado e, depois de concordar com tudo o que ele disse, lembro que na época do nazismo os alemães fizeram bem pior, com a cumplicidade de boa parte da população. Falo e desço para minha toca com a alma lavada, já que a estupidez dos poderosos da vez é um atributo intemporal.

Durante a viagem para Istambul, por um misto de ignorância e desatenção, por duas vezes quase perco a vida nas mãos de um filho de Alá.

O mal-estar começa já no momento do embarque, quando os cerca de 10 ocidentais a bordo (eu, inclusive), que haviam comprado os bilhetes com antecedência e reservado assentos bem na dianteira do ônibus para apreciar a paisagem, somos obrigados a nos reacomodar no fundo do veículo.

Imagino que a intenção dos muçulmanos com essa arbitrariedade seja manter suas mulheres e filhos o mais longe possível dos infiéis.

Ao cruzar o deserto na noite gelada, de tantas em tantas horas temos de implorar ao motorista e a seu ajudante que façam uma paradinha para aliviarmos a bexiga à beira da estrada. Numa dessas, entorpecido pelo sono e o frio e tentando me aquecer, resolvo mijar bem pertinho do motor ligado e, distraído, dirijo o jato para os pneus traseiros.

De repente, sinto um violento puxão no ombro e topo com o ajudante do motorista que, aos berros, me dá uma cusparada no rosto e ameaça me trucidar com um porrete no formato de um taco de beisebol. Sem entender nada nem saber direito o que fazer, fico ali paralisado, em pânico, até que dois ou três companheiros resolvem saltar do ônibus em meu auxílio e tratam de apaziguar os ânimos, me salvando a vida.

Só muito depois vim a saber que, para os seguidores do Profeta, nada é mais impuro do que os excrementos de um infiel: ao regar com minha urina o pneu do ônibus, eu estava cometendo um ultraje imperdoável, passível de execução sumária, como quase aconteceu.

Outro lance cabuloso, na noite seguinte, me abala ainda mais – por acaso, também ligado ao aparelho excretor. Já perto da fronteira com a Turquia, o ônibus estaciona em uma parada deserta e fico feliz em poder afinal me aliviar das cólicas terríveis das últimas horas.

Tonto de sono e desesperado por uma privada, desço do veículo calçado apenas com as meias de lã e corro para o banheiro, onde me acocoro em um dos cubículos imundos e, conforme se diz no nordeste brasileiro, ponho-me a obrar. E a obra é longa e penosa, parece passar horas antes que consiga expedir o fétido recado. Com um detalhe não menos escatológico: na falta de papel ou de algum outro acessório adequado à função, sou obrigado a me limpar com as cuecas, que descarto, desolado, na lixeirinha abarrotada até a boca.

Ao sair do banheiro, não ouço nem vejo mais ninguém e o ônibus simplesmente sumiu de vista. Descalço, sem minha bolsa, mochila, passaporte ou dinheiro, em meio às trevas e sem a menor noção de onde estou ou para onde devo me dirigir, vivo um pesadelo acordado.

É quando surge, não sei de onde, um velhinho maltrapilho, talvez o responsável pela limpeza do local, que me repete várias vezes a mesma frase em pársi – e reforça as palavras sacudindo os braços com gestos vigorosos em direção à estrada e à escuridão.

Desesperado, mal podendo acreditar no que está acontecendo, ponho-me a correr de meias pelo asfalto liso e gelado rumo a lugar nenhum para enfim, após o que me parecem minutos intermináveis, ver reluzir ao longe, na rabeira de uma fila de veículos aguardando a vez para passar pelo posto de controle, as lanternas do ônibus que me abandonou na parada.

Ao retornar a bordo, ofegante da corrida inusitada, mas em duplo sentido aliviado, recebo olhares solidários de meus companheiros, que explicam terem tentado convencer o motorista a me esperar, sem sucesso.

Naufragado no deserto, fui salvo pelo anjo da guarda, desta feita disfarçado de zelador.

Mas isso ainda não foi tudo. Como se a morte não quisesse deixar nenhuma dúvida de que viajei em sua companhia nas últimas horas, pouco mais adiante, quando já chegávamos na divisa com a Turquia, o ajudante do motorista torna a dar vazão a seu instinto assassino.

Pouco antes, eu tinha visto passar por nós, buzinando e fazendo pela janela gestos pouco amistosos para o nosso condutor, um casal em um Peugeot com placa da França. Estavam carregados de tapetes e outros objetos provavelmente adquiridos nos bazares persas e afegãos. Imaginei que tivessem se irritado com a recusa do motorista em ceder passagem. Eles não sabiam com quem estavam se metendo.

Logo adiante, na fronteira, nosso ônibus é o último veículo a entrar na fila única e estaciona bem atrás do Peugeot. Mal havíamos parado, nosso furioso personagem salta de porrete na mão e vai direto até o carro dos franceses que, ao perceberem o movimento, tratam de cerrar os vidros e acionar as trancas das portas, como se assim pudessem proteger-se.

Sem dizer palavra, o ajudante quebra um a um os faróis e as lanternas do Peugeot, dá umas boas porretadas no capô e arremata o serviço destruindo o para-brisa e o vidro traseiro. Feito isso, com a expressão de dever cumprido e uma ponta de orgulho no semblante, retorna para seu lugar na cabine. A cena inteira se passa com o aval dos guardas da fronteira, que a tudo assistem imperturbáveis – de fato, mais parecem se deliciar com a cena.

Encerro essa etapa da travessia humilhado e revoltado. Nunca tinha levado uma cusparada na cara e, menos ainda, chegado tão perto de um final violento nas mãos de um louco.

Depois dos episódios em Al-Kuwait, em Cabul e aqui, fico grato aos anjos da guarda, de turbante ou não, que salvaram minha pele.

A última recordação que tenho daquele ermo perdido do mundo é a de um bando de aves parecidas com perus selvagens gigantes, que observei, em voo ou pousadas sobre uma antiquíssima muralha de pedra, enquanto aguardava nossa vez de passar pela imigração.

Achei que havia descoberto a origem do nome do país (que significa peru, em inglês). Só muito depois vim a saber que a ave não é nativa da Turquia.

Sultões e muezins

O ônibus está parado para reabastecer nos arredores de Ancara, na reta final para Istambul. A viagem é bastante cansativa e, se puder evitar, não pretendo tão cedo tornar a me locomover nessas condições. Meu maior desejo no momento é ficar uns três ou quatro dias em um bom hotel, comer bem e me recuperar.

Estamos às portas da Europa e já posso gastar um pouco mais de meu dinheirinho. Houve momentos em que quase desisti de completar a travessia terrestre, tamanho o sufoco com as condições da viagem e com a saúde, que continua a ratear.

Continuo com o intestino solto e agora surgem sintomas parecidos com os de uma gripe. Mas não posso fraquejar tão perto da meta: pretendo me restabelecer com muito sono, dieta leve e pílulas de vitamina C, das quais trouxe um bom estoque presenteado por Natasha.

Consigo dividir, com um belga muito simpático que conheci no *lobby*, um quarto espetacular de um hotel simples, mas muito bem localizado, na que foi um dia gloriosa Constantinopla. Da varanda do aposento, no terraço, consigo avistar a poucos metros as torres da Mesquita Azul – e por uma diária que me saiu por apenas 75 liras, o equivalente a US$ 5.

Amanheço me sentindo um pouco melhor, apesar das dores que se espalham pelas costas. Despertei com o chamado dos muezins pelos alto-falantes instalados no topo das inúmeras mesquitas das redondezas, convocando os fiéis para a primeira das cinco orações diárias prescritas por Maomé. Faço meus exercícios respiratórios e o silêncio mental no terraço, com a vista fascinante dos minaretes sobressaindo das construções baixas a toda a volta.

Quebro o jejum com uma melancia quase inteira e, no almoço, me restrinjo a duas maçãs ácidas e cerejas suculentas, compradas em uma quitanda. Sem o menor apetite para opções mais substanciosas, o corpo continua a sinalizar que algo está muito errado.

Saio caminhando a esmo pela cidade, a sensação de ser um estranho em terra estranha reforçada pela língua, pelas placas de sinalização e pelos cartazes indecifráveis.

Vou até o posto central dos correios atrás de alguma carta à minha espera, sem sucesso. Por motivos que não consigo atinar, a não ser pura birra, a funcionária que me atende recusa-se a buscar na letra "b", de Brandão; e insiste no "f", de Fernando. É claro que não encontra nada.

Peço informação sobre o preço do bilhete aéreo para Munique e até que sai em conta – US$ 75, para estudantes. Mas o provável é que torne a embarcar em um ônibus a fim de encarar outras 48 horas e quase 2 mil quilômetros de estrada, por bem mais palatáveis US$ 32.

25 de julho. Acordo com a máquina funcionando normal, mas diante do espelho, o branco dos olhos me parece um tanto amarelado. Assustado,

trato de ocupar a cabeça com outras coisas para me tranquilizar. Escrevo uma carta para casa pedindo mais dinheiro. Com a saúde instável, fico em dúvida entre fazer uma parada na Alemanha ou prosseguir para a Grécia, e se irei de ônibus ou avião.

Concluo que não posso me dar ao luxo de estacionar por aqui. Agora que a energia retornou, tenho de aproveitar e cair na estrada até encontrar um porto realmente seguro. Se resolver ir de ônibus para a Alemanha, onde me aguardam a Helena – uma amiga brasileira que vive em Munique –, o Hans e a Brigitte, terei de permanecer mais uns dias e providenciar visto para a Iugoslávia, que é o ponto de entrada. Caso decida cair fora de avião, estou desde já liberado para partir.

A fim de aproveitar ao máximo este belo domingo em Istambul, faço um desjejum bem reforçado, o primeiro em que sinto fome de verdade nos últimos dias: coalhada fresca, pão com queijo de ovelha, suco de melão e cerejas – as melhores que já comi na vida.

Em um insano *tour de force*, passeio pelo Grande Bazar, visito a Igreja de Santa Sofia, a Mesquita Azul e o Palácio Topkapi, este último, uma construção de rara beleza e sofisticação que por três séculos serviu de residência aos líderes do império otomano.

No museu do palácio, passo um bom tempo admirando a sala de armas e a coleção de relógios, peças imensas ricamente ornadas com metais e pedras preciosas, que os sultões encomendavam na França aos mestres do *métier* para presentear seus pares europeus nos tempos de paz.

Resolvo finalmente os próximos passos e adquiro passagem para Munique, no ônibus que parte no dia seguinte, às 18 horas. O visto de trânsito para a Iugoslávia, me informam na bilheteria, pode ser obtido no próprio posto de fronteira.

Encerro a maratona do dia entrando em um misto de padaria e lanchonete onde devoro um melão pequeno, dois iogurtes e um *baklava* – este, mais lembrando um mil folhas convencional, bem aquém dos que degustei no navio. Uma nota um tanto frustrante para minha breve e agradável estada na cidade que sediou o Império Romano do Oriente e foi uma das mais poderosas do mundo.

Enfim, confortavelmente instalado na poltrona 12 de um Mercedes--Benz não muito católico em que deixarei a Ásia para ingressar no continente europeu, sou convidado de forma não muito gentil a ignorar o número escrito em meu bilhete para me reacomodar no fundo do veículo.

Não vi, mas já me contaram esse filme...

Olhos amarelos

A viagem até a Alemanha é relativamente tranquila, apesar de novamente me sentir fraco, indisposto e sem apetite durante todo o trajeto. Conforta-me o fato de estar de volta à civilização ocidental.

Completamos em 24 horas o trajeto de 1.900 quilômetros desde Istambul, atravessando as fronteiras da Bulgária e da Iugoslávia em pontos bastante ermos e praticamente inabitados. A certa altura, cruzávamos uma planície deserta quando o companheiro do assento ao lado me mostrou – a relativa distância, mas bem visíveis – terras que disse serem estepes russas. Mais perto do destino, chama a atenção a quantidade de grupos de ciganos do Leste acampados ao longo da estrada.

Na sofisticada Hauptbahnhof (a estação central) de Munique, desço do ônibus todo prosa por ter completado minha aventura *overland* desde Bombaim. Mas a alegria logo dá lugar à aflição quando constato que nem todos falam ou se dispõem a falar em inglês e que todas as placas estão apenas em alemão.

Por sorte, consigo a atenção de um senhor solícito que, em um inglês impecável, me dá as orientações necessárias para chegar até a casa de minha amiga Helena Brum, onde ficarei durante alguns dias. Ela também pratica Yoga e está fazendo o doutorado em física nuclear no afamado Instituto Max Planck.

A organização e a modernidade germânicas surpreendem o forasteiro antes mesmo de ele chegar a pôr os pés na rua: da plataforma onde param os ônibus, na estação central, tem-se acesso direto ao metrô por meio de uma imensa escada rolante interna. Uma vez no gigantesco subsolo, o incrível fluxo de passageiros, a diversidade do comércio e dos serviços e o avanço tecnológico por toda parte completam o choque cultural.

Graças à integração do sistema de transporte público, com um único bilhete posso seguir de metrô e de bonde até o meu destino, não muito distante, em uma área bem aprazível da cidade.

Como irei comprovar nos próximos dias, todos os meios de transporte – metrô, trem, bonde ou ônibus – cumprem com a precisão de minutos os horários, exibidos em placas bem visíveis para os usuários. Só se atrasa ou perde um compromisso quem quer. Para um brasileiro, algo extraordinário.

Dentro do ônibus, fico surpreso ao não ver o cobrador: em qualquer transporte público, adverte depois minha amiga brasileira, as pessoas que viajam sem bilhete podem ser flagradas por fiscais que embarcam sem aviso. A multa, de 50 marcos, desestimula a malandrice.

Os primeiros momentos com Helena são de puro aconchego. Provavelmente imaginando as condições que me dispus a encarar em viagem tão insana, ela me dá as boas-vindas com um jantar caprichado: salada de queijo de cabra, nozes e cogumelos, pão integral feito em casa, frutas e leite da melhor qualidade.

Tomo um bom banho, encho a pança e batemos papo até tarde da noite. Vou para a cama superexcitado e ansioso por novas aventuras.

No dia seguinte, ela chega mais cedo do instituto para podermos almoçar juntos. Toma um susto ao me ver: "Caramba, Luiz, agora à luz do dia dá para ver que seus olhos estão bem amarelos! Você deve estar com algum problema no fígado."

Sinto um frio na barriga.

Na mesma hora, Helena liga para o serviço de saúde. Acompanho ansioso o diálogo em alemão, do qual ela traduz apenas o essencial, tomando o cuidado de cobrir o bocal do aparelho com a mão. A certa altura, ao saber que o indivíduo de olhos amarelos em questão acaba de chegar do Oriente, a funcionária diz que devo me dirigir imediatamente ao hospital público mais próximo, pois meu caso requer quarentena. Pede nosso endereço, para enviar uma ambulância. É quando decidimos cortar a ligação.

Confabulamos por alguns minutos e decidimos confiar na sorte e na capacidade natural de recuperação do organismo.

Passo os dias seguintes exclusivamente à base de água mineral, maçãs e iogurte com mel, além de chás de ervas terapêuticas carinhosamente preparados por Helena.

As tímidas tentativas de evoluir para salada de batatas, omeletes, pão com queijo e outras iguarias são frustrantes, pois o estômago devolve tudo. Do Yoga, consigo praticar apenas o silêncio mental e o relaxamento total consciente. Mesmo enfraquecido, saio para passear a pé pelos arredores, mas a pilha descarrega em pouco tempo e sou forçado a retornar ao apartamento para descansar.

É nessas sofríveis condições que comemoro com a amiga meu 24º aniversário, no dia 4 de agosto. Um bolinho surpresa me aguarda no desjejum, mas mal posso aproveitá-lo.

Saímos juntos do apartamento – Helena, para o instituto; e eu, para bater pernas e visitar, entre outros lugares, o gigantesco, impressionante, inigualável Deutsches Museum. Um sonho de consumo para quem se interessa, como eu, pelos avanços da ciência e da tecnologia.

Nas galerias de imensos pés-direitos da edificação de vários andares, sólida como tudo por aqui, tenho a oportunidade de ver ao vivo e em cores, em tamanho natural, aviões de todas as épocas, um submarino dos primeiros tempos e uma réplica das naus portuguesas que aportaram ao Novo Mundo. Entre muitas outras coisas.

No centro de um anfiteatro dedicado à história do transporte ferroviário, composições de trens elétricos em miniaturas de diferentes escalas, dispostas em maquetes impecáveis, fascinam os visitantes disciplinada e silenciosamente sentados ao redor.

Em horários regulares, entra um funcionário do museu em uniforme de chefe de estação, quepe incluído, e, solene, ocupa seu assento diante de uma cabine envidraçada, apartado dos visitantes. À medida que vai acionando os intrincados conjuntos, ele explica ao microfone, didático e mecânico, o que está sendo mostrado. Ao final da exibição, retira-se a passos firmes, empertigado como entrou. Os frios olhos azuis, emoldurados pelas lentes redondas dos óculos de armação fina, metálica como a voz, apenas reforçam a impressão de que o homem é apenas mais uma peça daquele sofisticado aparato. Se a intenção mais ou menos velada é demonstrar que a impessoalidade e a precisão de relojoeiro estão na essência do povo e respondem pela chave do sucesso da nação, funciona.

Pena que não falo a língua, pois nada entendo e perco parte importante do espetáculo. Mas a julgar pela circunspecção da plateia, posso apostar que a *performance* do condutor não incluiu nem um único gracejo ou piada.

Volto lá em duas outras ocasiões, nos dias seguintes, e saio sempre com vontade de ver mais.

São fodas, esses alemães.

Reform Haus

Com a autoestima reforçada pelos tratos especiais recebidos nos últimos dias, meu fígado, que andava me estranhando, volta a funcionar como novo. E a urina torna a ficar amarela, depois de dias avermelhada pelo excesso de bilirrubina no sistema.

Comemoro a renovada energia pedalando pela cidade na bicicleta emprestada por Helena, favorecido por ciclovias impecáveis e, nos poucos trechos onde inexistem, pela atenção e o respeito dos que se locomovem a motor.

Transito por toda Munique, em geral dando preferência às inúmeras áreas verdes, parando aqui e ali para apreciar a paisagem, os parques e os jardins.

Visito repetidas vezes a badalada Marienplatz, a praça mais conhecida do lugar, e não me canso de assistir ao espetáculo dos bonecos giratórios do relógio medieval que talvez seja o mais famoso do mundo.

Na hora do almoço, faço questão de comer uma refeição completa para recuperar as forças e o peso perdidos. Comida de verdade, que já não saboreava há tempos: salada de batata, omeletes, chucrute, tudo o que um corpo combalido pede e não se pode recusar. Quase sempre, acompanhado de um bom copo de chope ou de cerveja, que ninguém é de ferro.

Nos supermercados, fico fascinado com a diversidade de laticínios, granolas e pães integrais: todo dia compro alguma coisa diferente. As frutas, embora menos variadas, são sempre de primeira qualidade, e dou preferência às do bosque, ideais para misturar no reforçado *müesli* matinal.

Depois do episódio de icterícia, até hoje não diagnosticado, me lembro da frase de Shri Ramakrishna, um homem santo, entre os últimos avatares de tempos recentes. "A doença é o preço que a alma paga para ocupar o corpo, como o aluguel que o inquilino paga para ocupar um imóvel." Escaldado, faço o que posso para ser dispensado do aluguel.

Para quem não sabe e ficou curioso, avatares seriam seres divinos que, de tempos em tempos, assumem a forma humana para ajudar-nos a entender e superar o sofrimento. Krishna, Sidarta Gautama (Buda), Maomé, Jesus, Babaji, Ramakrishna e Ramana Maharshi teriam sido alguns deles.

Nos dias em que a disposição permite, me aventuro um pouco mais para visitar atrações como o belo Palácio Nymphenburg, residência de verão dos monarcas bávaros, distante apenas 7 quilômetros do Centro e a meia hora de bicicleta. Os jardins imensos e impecáveis, assim como a elegância da construção, enchem os olhos e a imaginação.

Várias vezes utilizo o refeitório da universidade, pertinho de casa: bom, barato e bem frequentado por belas estudantes de várias nacionalidades. Por duas vezes, pedalo até o instituto Max Planck para almoçar com Helena e seus colegas.

Entro e saio das lojas de naturopatia, as Reform Haus, cheias de produtos incríveis usados desde há muito por aqui. Sigo o conselho de Hans e compro um vidrinho de óleo de hortelã japonesa (*Japanisches Heilpflanzenöl*) e outro de essência de camomila (*Kamillosan Konzentrat*).

Os alemães foram, em diversos aspectos, pioneiros nas modernas terapias naturais e deram grande impulso para que se disseminassem no Ocidente. Foi de lá, por exemplo, que, no início do século 20, meu bisavô, o médico mineiro Júlio César Ferreira Brandão, trouxe para o Brasil a ciência da hidroterapia, bem como os equipamentos das suas Thermas Cariocas – clínica especializada instalada em um belo casarão do Passeio Público, no Rio de Janeiro.

Meu segundo e último final de semana com Helena em Munique é bastante agitado e interessante.

No sábado, pegamos carona com um casal um pouco mais velho de pesquisadores do instituto Max Planck até uma cidade distante cerca de duas horas de carro, para assistir a um concerto de música renascentista em uma igreja bem antiga. Muito bonito, com direito a um afinado coral de jovens. Pena que não me recordo o nome da cidade: sei que atravessamos um bom trecho da Floresta Negra, da qual restam apenas fragmentos dispersos na paisagem.

E, no domingo, vamos os dois de trem até o Lago Starnberg para um belo passeio matinal na floresta. Caminhamos boas horas entre árvores típicas do clima temperado, por trilhas muito bem sinalizadas, limpas e organizadas, como tudo no país. Depois, lanchamos à beira d'água, apreciando o cair da tarde.

No trem, a caminho do lago, famílias inteiras de trilheiros de final de semana vão embarcando a cada estação, já totalmente a caráter e prontas para entrar no mato: botas para caminhadas, mochilas às costas, a maioria com a cabeça coberta pelo indefectível chapéu de tirolês, em tons escuros, quase sempre adornado com uma pluma. Os mais velhos ostentam orgulhosos, no chapéu ou no suspensório das calças curtas, broches que revelam o histórico de aventuras do portador.

De novo, impressiona o jeito de ser dessa gente e dessa terra: tudo parece produzido em série e com os mesmos padrões de qualidade. Os alemães, me ocorre, são uma espécie de versão ocidental dos japoneses.

Fotos retocadas

Mais famosa como palco do histórico julgamento dos chefões nazistas responsáveis por um dos maiores genocídios dos tempos modernos, sede dos comícios que reuniram multidões ensandecidas em louvor ao *führer*, Nuremberg também impressiona pela quantidade de edificações restauradas à perfeição depois de parcial ou totalmente destruídas durante a Segunda Guerra.

Por toda parte, tal como nas outras cidades mais castigadas pelos bombardeios dos aliados, veem-se cartazes expostos diante da réplica impecável, mostrando como era o sítio original e depois de devastado. A imensa quantidade de entulho foi amontoada em alguns locais e transformada em colinas cobertas de verde.

Como resultado desse meticuloso *lifting* da paisagem e pelas ironias da vida, mulheres e crianças hoje fazem piquenique, namoram, brincam, leem o jornal ou simplesmente tiram um cochilo despreocupado no intervalo do expediente de trabalho justamente sobre os escombros do nacionalismo exacerbado, da arrogância étnica e da sanha sem limites pelo poder e a dominação. Atributos que, turbinados por uma bem-sucedida estratégia de comunicação de massa, levaram a Alemanha e seu povo à ruína e devastaram boa parte do continente europeu.

Hans e Brigitte me recebem calorosos no apartamento espaçoso que foi transformado no Institut für Klassischen Yoga – uma filial informal do Yoga Institute, criada pelo também ex-aluno Gerhard Unger. Foi ele quem introduziu os dois irmãos no Yoga e os recomendou para o curso de formação de professores em Bombaim. Está namorando a Brigitte, viajou e deve retornar em poucos dias.

Sou voluntário, fico sabendo de cara, para ajudar na pintura das paredes. Dias de trabalho duro, temperados por sessões conjuntas de Yoga ao amanhecer, passeios pela cidade e boas gargalhadas.

Logo na primeira noite, minha amiga se oferece para me fazer uma massagem. Recém-formada fisioterapeuta, está doida para praticar, e não me faço de rogado. Em um aposento retirado, à luz de velas e perfumado por incenso, pede que eu deite de bruços sobre um cobertor dobrado no chão e faz o diabo com os músculos das minhas costas. Seus dedos têm uma força surpreendente em uma mocinha tão miúda para os padrões alemães.

Não sei se pelo tesão longamente reprimido na Índia, por efeito da massagem, ou por ambos, passo o tempo todo da sessão fazendo força para disfarçar a ereção involuntária, constrangido pela situação. Imagino que ela tenha percebido, mas nunca saberei. Ao final, para evitar um vexame ainda maior e diante da impossibilidade de me controlar, dou alguma desculpa esfarrapada para dispensar a segunda parte da massagem, quando teria de deitar de costas e expor à amiga, agora envolvida com outra pessoa, minha embaraçosa condição.

É nesse convívio de pouco mais de uma semana que, entre muitas coisas, aprendo mais sobre o *müesli*, a receita suíça para a vida longa e o bem-estar a partir da primeira refeição do dia. Frutas picadas, cereais variados, sementes de linhaça e de girassol, complementados por leite, iogurte ou coalhada caseira adoçados com mel ou melado de cana, garantem energia de sobra para a jornada de trabalho.

Vou com Hans, Brigitte e alguns amigos a um bar que costumavam frequentar nos tempos de estudante. O ambiente é enfumaçado e sombrio, tanto pela parca iluminação como pela música e os semblantes dos clientes debruçados sobre cinzeiros e copos.

Visitamos a catedral e outras igrejas góticas, e vamos várias vezes ao Hauptmarkt, simpática pracinha onde, em priscas eras, funcionava o mercado central. Em um dos cantos, diante da igreja Frauenkirche e de seu relógio espetacular, encontra-se uma belíssima fonte gótica com uma cúspide de quase 20 metros de altura, cercada por uma grade de ferro. Nessa grade está inserido um anel de ouro sem nenhuma emenda aparente que, reza a lenda, deu a seu artífice o direito de desposar a linda filha do burgomestre de então.

Disposto a dificultar ao máximo a vida dos inúmeros pretendentes, o rico e poderoso comerciante lançou o desafio, em tese, irrealizável: aquele que conseguisse inserir um elo na grade sem abri-lo casaria com sua filha. Até hoje, não se sabe como um sujeito conseguiu realizar a proeza. Se os nubentes foram felizes para sempre, já é outra história.

Hans tem planos que me seduzem, apesar de soarem ousados: ir de carona até o Vale do Emmental, onde vivem em comunidade e de acordo com os preceitos naturalistas e do Yoga dois amigos suíços que também cursaram o Yoga Institute. Vamos nessa!

Antes de partirmos, meu amigo faz questão de que eu conheça Heilbronn, a cidade onde nasceu e foi criado, não longe daqui. Dentro do trem, a caminho, ele fala sobre a forma como foi educado em casa e dá a entender que o pai poderia ter sido menos rigoroso. Passo os 40 quilômetros e 45 minutos seguintes curioso para conhecer a fera e pensando nos meus pais.

Encontro mais uma cidade pequena e sossegada da Baviera, certamente pouco interessante para jovens chegados à idade de saciar a curiosidade pelo mundo. Por sorte, só está em casa a mãe, que nos recebe com discreta cordialidade. Como não falo a língua e se comunicam apenas em alemão, fico boiando. Mas a impressão é de um certo distanciamento entre mãe e filho. Na comparação, acho que me dei bem. Lembro do jeito de minha mãe, quase sempre uma pessoa reservada, mas divertida e extremamente amorosa nos momentos de descontração, além de totalmente apaixonada pelo único filho homem.

Mamãe me ensinou em casa o alfabeto, as cores e os números antes mesmo de eu entrar para a escola. Acompanhava de perto meus estudos, me preparava para as provas como se fosse para as Olimpíadas, nunca deixava que saísse para brincar na rua antes de terminar o dever de casa. "Primeiro, os estudos; depois, a diversão", era o mantra mais ouvido da pessoa de quem recebi todo o amor e atenção.

Meu pai era bem diferente: sempre às voltas com o trabalho, raramente estava disponível. Nas horas de folga, mergulhava nos livros, o cachimbo preso entre os dentes, no canto da boca. Quando ia ao cinema, quase todas as vezes o fazia sozinho. Era rígido também, mas de outra forma. Invariavelmente repetia que na vida não basta ser bom, tem de ser o melhor. E bem que eu tentava.

É recorrente a lembrança das palavras que ele fazia questão de repetir, a cada final de ano, na cerimônia de entrega de diplomas e medalhas no Colégio Zaccaria. Durante anos, fui o melhor aluno da classe e, quando chegava a vez da premiação da minha turma, meu nome era o último a ser anunciado.

No trajeto de volta ao meu assento, atordoado pelas palmas e orgulhosíssimo das três medalhas de ouro que trazia nas mãos, percebia o olhar de admiração dos pais de meus colegas e isso me alegrava ainda mais. No entanto, minha bola murchava quando, ao sentar novamente em meu lugar, ouvia de meu velho a mesma frase, com pequenas variações: "Lembre que você não fez mais do que a sua obrigação."

Utopia supersônica

Cair na estrada de carona, tão comum entre os jovens daqui, é uma experiência nova para mim, pelo menos para uma distância tão grande.

De Nuremberg até Berna, na Suíça, são mais de 500 quilômetros e em torno de seis horas de estrada, de carro. Isso para quem tem um. Para quem confia na sorte e na boa vontade alheia, a viagem pode demorar muito mais, pois é raro ser acolhido em um veículo que segue até o destino desejado.

Minha iniciação no *métier* acontece após o desjejum e a lavagem dos pratos: sobre a mesa da cozinha, com uma caneta hidrográfica e pedaços de papelão recortados de uma caixa de frutas, improvisamos dois cartazetes, um para cada um, informando nossos destinos. No meu, está escrito Basel; no de Hans, Berna: a ideia é aumentar as nossas chances, pois ambas as cidades ficam na mesma direção.

Bem cedinho pela manhã, o acostamento à saída da cidade já está coalhado de caroneiros – a maior parte, estudantes de cartazes em punho, postados em pontos estratégicos. Por sorte, nenhum para Berna ou Basel, mas muitos para Heidelberg, que fica no caminho. Hans e eu assumimos nossas posições, a uns 20 metros um do outro, felizes por não ter concorrentes diretos e confiantes no sucesso.

Demora algumas boas horas até sermos "recolhidos" por um senhor engravatado de meia-idade, que está a caminho de Stuttgart em seu confortável BMW. Nem foi preciso cumprir a regra básica do bom caroneiro, que é manter a boca fechada até que o motorista puxe papo: o homem gosta de conversar, faz perguntas e fica curioso sobre o Yoga e nossa recém-concluída aventura na Índia. Ele nos deixa na interseção, onde aguardamos nova condução, que nos leva pouco mais adiante. E outra, e mais outra.

Para resumir, escurece e nem chegamos perto de Basel, que fica a 150 quilômetros do destino final. Buscamos abrigo em uma taberna de beira de estrada. Sensibilizada com a nossa situação, a proprietária nos cede o quarto do filho, que está ausente, para pernoitarmos e prosseguirmos pela manhã, pois à noite é praticamente impossível conseguir parar um carro.

Algumas caronas e peripécias depois, inclusive um curto trajeto em carreta rebocada por um minitrator, chegamos no final da tarde seguinte a Berna, onde passaremos a noite no apartamento da mãe do Peter, o suíço amigo que lidera a comunidade iogue instalada no seio da terra do queijo esburacado, da *fondue* e da *raclette*. E do chocolate, é claro.

Berna é quase toda antiga e cercada de verde. Alguns exemplares do urso, animal que adorna o selo e o brasão de armas da capital da Suíça, estão expostos em carne e osso, tristonhos e constrangidos, no fundo de um poço logo à entrada da cidade. Apesar de bizarra – e controversa, sob o ponto de vista politicamente correto –, é a manifestação de boas-vindas dos nativos da região, em geral cordiais e acolhedores.

No dia seguinte, bem descansados, voltamos à estrada. Com as placas de papelão devidamente atualizadas para as novas direções, conseguimos sucessivas caronas até bem perto do destino, que alcançamos após curta caminhada por uma estrada estreita e sinuosa, agora sem nenhum tráfego motorizado. É um pequeno vale, deslumbrante, que poderia perfeitamente abrigar a utópica Shangri-La de *Horizonte perdido*.

Assim como as montanhas por todo o redor, o silêncio é imponente, só quebrado pelo mugido ou tilintar do sino de uma vaca nas redondezas e, aqui e ali, pelo trinado de um pássaro. Pequeninas propriedades podem ser avistadas ao longe, assinaladas pela fumaça das chaminés.

Parece que o tempo aqui não passa, que os minutos – tão valorizados pelos suíços – se arrastam, preguiçosos, desde o alvorecer até o poente. O ar, puríssimo, perfaz o ambiente perfeito para a contemplação e a prática do Yoga.

A casa em que somos recebidos fica no meio desse lugar encantado, pouco povoado. Na bicentenária, imensa construção de madeira, restaurada pelos ocupantes atuais na medida de suas mirradas posses, vivem Peter e Christian com suas mulheres, de forma tão autossuficiente quanto possível. Pouca coisa vem de fora. Ovos, verduras, frutas, pão e queijo são produzidos aqui. O sabão, igualmente.

Quase todos os utensílios são de madeira, confeccionados por eles próprios. Até a lã é fiada em casa, na roca fabricada pelo Christian. Do que vi, modernos mesmo só a bomba d'água elétrica, o pequeno trator e a motocicleta *off-road*, além de um singelo equipamento de som.

Peter, Christian e suas companheiras vestem-se simplesmente, em trajes medievais. Os tamancos toscos, esculpidos em uma peça única de madeira, pelo aspecto irão sobreviver aos pés que abrigam. Os agasalhos, em lã rústica, lembram os dos aldeões de tempos idos. Os corpos exalam o odor natural, que não chega a ser desagradável em função da dieta extremamente saudável. Eles recebem por curtas temporadas pessoas interessadas em aprender Yoga ou dispostas a se recuperar dos estragos causados no corpo e na mente por hábitos nocivos, a dependência de drogas pesadas, inclusive.

Juntaram, aqui, o aprendizado no Yoga Institute com as experiências de vida comunitária que acumularam na época do desbunde, e estão perseguindo o ideal de viver praticamente independentes do sistema.

Fazemos nossas refeições ao ar livre, no melhor espírito comunal. Cada um recebe uma incumbência, todos participam de todas as tarefas. Na estreia, sopa de legumes com grossas fatias de pão feito em casa e queijo, regados a leite fornecido pelas duas vacas da família.

Quando digo da família, é no sentido literal: durante o inverno, elas dormem dentro da casa, no aconchego do estábulo que fica no piso inferior. O calor de seus corpanzis peludos ajuda a aquecer os residentes, todos alojados em aposentos franciscanos nos andares de cima. O eventual impulso de uma rápida escapada para pastar em outras bandas é inibido, como nas demais propriedades do entorno, por cercas de arame liso e levemente eletrificadas (testei e o choque não doeu).

Subir e descer as escadas ou simplesmente andar pela casa provoca uma sinfonia de rangidos, pois as velhas pranchas de madeira trabalham sem parar, como se para sinalizar que continuam bem vivas. Às vezes, parece que o conjunto inteiro pode desabar a um vento mais forte, de tão precária e aparentemente instável que é a construção. E a impressão se justifica, como Hans logo irá constatar.

Cedo, na manhã seguinte, todos se reúnem para meditar no ático. Quando terminamos, permaneço mais um pouco para praticar *āsanas* e *pranayama*. É quando ouço, inundando o vale, a fantástica guitarra e a voz de Jimi Hendrix tocando *Little Wing* – uma viagem. Depois, fico sabendo que a música saiu do som portátil de um jovem suíço apresentado na véspera, que está tentando se livrar do vício da heroína. Demais!

O desjejum reforçado anuncia um dia de trabalho duro. O assunto da conversa é o acidente sofrido por Hans, felizmente sem maiores consequências, no final da tarde da véspera. Meu amigo se meteu a explorar a casa e acabou pisando em uma tábua podre, que cedeu. Por sorte, caiu de bruços sobre um monte de estrume que amorteceu a queda de vários metros de altura. O saldo foi um grande susto, a roupa toda cagada e gargalhadas gerais.

Ali, comi o autêntico *müesli* tradicional. Durante a noite os grãos de aveia integral são deixados de molho em uma enorme tigela de madeira para amolecerem e ficarem mais digestíveis. As maçãs são passadas com casca, sementes e tudo em um moedor, e a polpa resultante, colocada em uma vasilha grande de vidro sobre uma bancada. Ao lado, em potes menores, há avelãs inteiras já sem a casca, frutas secas e mel.

Cada pessoa faz a sua própria mistura, em tigelas individuais também de madeira. Quem quiser adiciona leite ou coalhada, mas não vi nenhum dos locais fazer isso. Ovos, pão, manteiga, queijo e geleias caseiras completam o repasto, regado por xícaras de chá ou café de cevada. Peter e Christian comem como cavalos de tração e são puro músculo, sem um grama de gordura extra no corpo.

Saímos eu e Hans pela propriedade para colher *mirabelles* selvagens – uma ameixa amarela muito saborosa, abundante nesta época – e frutinhas vermelhas do bosque. Depois, ajudamos a recolher lenha para dentro da casa bem assombrada.

De repente, um estrondo ecoa ao longe e desfaz o encantamento: é um caça da força aérea americana em treinamento, que acaba de quebrar a barreira do som. Olho para o céu e vejo, bem no alto, o fino traço de giz branco deixado pelo arauto da morte. O evento irá se repetir todas as manhãs, nos três dias que aqui ficamos, como se para não deixar esquecer que, Shangri-La ou não, estamos no século 20 e a Guerra Fria é real.

Ainda na Alemanha, já havia observado em diversos trechos da estrada comboios de veículos militares dos Estados Unidos deslocando-se para exercícios conjuntos das forças da Otan.

Entre os dois supersônicos, fico fácil com o Jimi Hendrix.

Zen grana

De volta à Alemanha – agora, de trem – conheço afinal, em carne e osso, o famoso Gerhard. Segundo Doctor, ele já havia viajado por boa parte da Índia em busca de um sentido para a vida quando chegou ao instituto, onde enfim se encontrara.

De início frio e reservado, não demora a revelar o bom e bem-humorado camarada que é, durante nossa incursão de carro aos arredores de Nuremberg. Primeiro, paramos em sua cidadezinha natal, Heislbronn, que faz questão de apresentar ao novo amigo e irmão no Yoga brasileiro.

Nos arredores, visitamos uma antiquíssima capela de pedra, frugalmente decorada com esculturas e imagens de santos também em pedra. Os ícones, gélidos como o ambiente, nos fitam estáticos, acentuando o silêncio reverente do interior. Imagino guerreiros orando antes de partir para o combate, o forte cheiro corporal dominante no espaço minúsculo e as duras condições de vida que a esmagadora maioria da população enfrentava nos tempos medievais.

Prosseguimos por pouco menos de 100 quilômetros de estrada impecável até Rothenburg, a cidade medieval mais preservada do país. Uma beleza, cercada por uma muralha de pedra em cujas extensas passarelas se pode caminhar. Poupada que foi da destruição caída do céu durante a guerra, mais do que merece a visita.

Na despedida dos amigos alemães, entre outros presentes, ganho da namorada de Hans um par de meias grossas de lã que ela própria fiou e tricotou, uma recordação que usei durante décadas.

Mais uns poucos dias e me mando de trem para Hannover, 460 quilômetros ao norte, onde me espera a boa amiga Lia, prima-irmã da Maria

Inez. Faz tempo que ela se mudou para cá, onde já tinha vivido com a família quando menina. Agora, mora com o irmão Flávio e sua namorada, Maria, além de outros companheiros, em uma casa alugada no distrito de Luther, a meia hora do centro da cidade. Loura de olhos claros e fluente na língua, é uma alemã perfeita. Trabalha à noite como *bartender* em um restaurante, e quando retorna, já bem tarde, estou dormindo.

    Chego e percebo de cara que aqui sou um personagem bizarro; peixe fora d'água, da cabeça ao rabo. A turma também vive em comunidade e tudo é compartilhado, como no Emmental, mas o espírito dominante é bem outro. Todos fumam e bebem muito, comem o que tiver, ninguém está minimamente preocupado com o estilo de vida e, menos ainda, com o futuro. Procuro ficar na minha, prossigo com a rotina de exercícios e a dieta vegetariana. Curto bons momentos com a amiga que não via há anos.

    Na cozinha, logo na primeira manhã, reparo sobre a bancada um vidro grande contendo várias cédulas e moedas e fico curioso. Para minha surpresa, Lia explica que cada um deposita ali sua contribuição semanal para as despesas – não existe controle, nada é anotado, é uma questão de consciência e responsabilidade individual. E ninguém pisa na bola.

    Durante o dia, alguns saem para trabalhar e outros ficam em casa, ocupados com afazeres diversos e, certamente, mal remunerados. Klaus é artista plástico e vende suas criações no Flohmarkt, feira dominical na parte antiga da cidade. Passou os dias em que lá fiquei mergulhado no motor de um velho Citroën 2-CV, que não cheguei a ter o prazer de ver em funcionamento. Ully, este um artista prático, vive dentro do galpão, mascarado, tentando driblar o cheiro forte da resina das pranchas de surfe que fabrica com todo o empenho e vigor do mundo. Tudo muito zen, muito paz e amor, mas sem grana no bolso. Bacana, mas nada fácil, viver só o momento.

    Logo partiremos – eu, Lia, Flávio e Maria – de carro para Paris. De carona, irá conosco um exilado político brasileiro que vive em Hannover. Reinaldo, um sujeito de seus 30 e poucos anos, é barbudo e tem cara de poucos amigos. É claro, tampouco o atrai a figura também barbuda, quase ascética, do conterrâneo recém-chegado da Índia. Na cabeça dele, fantasio, não passo de mais um jovem alienado que correu da luta e se refugiou no misticismo, em vez de combater a opressão. Trocamos poucas palavras durante nosso curto convívio.

Ao buscá-lo de carro no apartamento onde reside, a conversa gira em torno do risco que resolveu correr ao deixar o país, mesmo que por poucos dias, para ir à França: se a aventura for descoberta pelas autoridades alemãs, ele pode perder a condição de refugiado. Como já fez isso outras vezes, diz estar tranquilo. Fico apreensivo.

Rive Gauche

Na apertada caminhonete, passamos os 800 quilômetros de estrada conversando sobre como aproveitar ao máximo a estadia em Paris. Sinto-me cúmplice, à revelia, de uma conspiração, com o carbonário ao meu lado dando conta de suas peripécias após a fuga da ditadura.

Com o rosto colado na janela, apenas dois dedos entreaberta – e mesmo assim sob o protesto dos demais, por causa do frio –, faço o que posso para fugir da fumaça dos incontáveis cigarros consumidos no trajeto.

Em uma das paradas para reabastecimento, já perto da fronteira com a França, todos saltam para reativar a circulação e tomar café. Eu me demoro um pouco mais e, quando desço ao lavatório masculino do subsolo, topo com as paredes de azulejo branco pichadas, em português, com palavras de ordem contra os militares brasileiros e as atrocidades que praticam no país. Fico surpreso com a ousadia do companheiro de viagem, sobretudo em vista das circunstâncias, mas faço cara de paisagem e nada comento ao retornar ao veículo.

Já e enfim em Paris, nós nos dirigimos direto ao apartamento de um casal de amigos do Reinaldo, refugiados chilenos. Residem com o filho recém-nascido em um conjunto habitacional de Villiers-le-bel Gonesse, uma *banlieue* triste e cinzenta não muito distante da capital francesa. Com alguns passes de mágica, todos se acomodam no "apertamento", cabendo-me um canto improvisado na sala.

Na mesma noite, saímos em dois carros para curtir as ruas e os bares da Rive Gauche. Inúmeras cervejas depois e sem nada comer, estou fatigado, mas a turma tem fôlego. Retornamos ao apartamento na madrugada e só penso em levantar bem cedinho para poder fazer minhas práticas de Yoga na sala, antes de acordarem. Inútil preocupação, pois ninguém dá as caras antes do meio-dia e fico na companhia da chilena, muito simpática, e de seu filhinho de colo. Conversamos bastante, conta-me parte do drama vivido com o marido, diz morrer de saudade de casa e da família e demonstra curiosidade sobre minhas andanças pelo Oriente.

Resignado com as circunstâncias – meus companheiros de viagem são animais de hábitos noturnos –, decido pelo voo solo até Paris, de trem. Desembarco na Gare du Nord com meu tímido francês e passo as próximas horas do dia deslumbrado. Que cidade!

Bato pernas pra cá e pra lá, visito o Louvre, a Notre Dame, caminho ao longo do Sena. Quando vem a fome, sacio-me com baguete e queijo, lubrificados por leite integral de verdade. Poderia muito bem viver aqui.

A agenda dos dias seguintes não varia. Passo muito pouco tempo com os brasileiros, pois saem apenas ao final da tarde e só retornam, bebuns e ruidosos, na alta madrugada. Faço o percurso inverso: saio pela manhã e retorno no final da tarde. Fico amigo da chilena e ajudo, como posso, com o nenê: troco fraldas, aqueço mamadeira, coloco para dormir. Tenho bastante *expertise* no *trade*, pois cansei de fazer isso com minha irmã caçula, oito anos mais nova.

Faço meu Yoga na sala, ao nascer do sol, faço o desjejum com a anfitriã e me mando para a estação de trem, a fim de desbravar a Cidade Luz. Na volta, ela tem sempre uma sopa de legumes à minha espera, o anjo da guarda chileno.

Passam-se alguns dias nessa mesma toada até que recebo pelo correio o convite de Sandra, outra amiga brasileira, para passar alguns dias com ela e o marido em Paris. Também instrutora certificada de Yoga, já vive na França há alguns anos com Pascal, um francês de nariz empinado que é dono da Seuil, uma editora especializada em religião e filosofia oriental. Ela é uma morena muito bonita, de pele e olhos claros e corpo bem-feito, uma das 10 mais no *ranking* dos rapazes da academia, no Rio. É psicóloga e está fazendo pós-graduação aqui.

O apartamento, em um prédio bem antigo da *rue* Mabillon, apesar de pequeno, é bastante confortável e elegantemente decorado. Sandra me recebe carinhosamente e providencia, de cara, um lanche delicioso: queijo *boursin* com ervas, torradas com sementes de sésamo, iogurte e suco de fruta. Como até não poder mais, feliz com a nova companhia.

Pascal tem sangue azul, é bem mais velho do que nós, ciumento e nada dissimulado, qualidade que admiro. Em nosso primeiro contato, ao retornar do trabalho, à noite, cumprimenta-me com reservada polidez e se recolhe para o quarto do casal. Mais tarde, jantamos os três praticamente em silêncio, cortado apenas por breves comentários sobre o dia. Ao deixarmos a mesa, o maridão se aconchega em sua poltrona de leitura estofada em couro, perto da janela, põe um par de gigantescos fones de ouvido na cabeça e fica por lá mesmo, ao som de música erudita, alheio à presença do intruso moreno e barbudo que chegou da Índia e disputa, com ampla vantagem, a atenção de sua jovem mulher. O clima é de constrangimento, mas finjo que não estou nem aí.

Nada como o tempo, a inevitabilidade da situação e, imagino, uma boa conversa sussurrada ao pé do ouvido, na cama, depois do amor: meu anfitrião é outra pessoa, no dia seguinte. Falante e divertido, volta mais cedo da editora para nos levar a Montmartre e me mostrar um pouco das coisas que o casal aprecia. Andamos a pé pelas ladeiras cheias de gente e de movimento, passando por ateliês, bares, restaurantes – Pascal, um cicerone cinco estrelas, explicando a história do lugar, contando casos, falando de livros e filosofia. Um amigão.

Para encerrar o programa, entramos em uma pequena *créperie* frequentada por locais, com poucas mesas e caixas de cidra empilhadas por toda a volta. É a minha iniciação nessa especialidade da Bretanha, pois os crepes que havia comido no Rio não chegam nem aos pés. Para começar, peço uma *galette*, de trigo sarraceno, recheada de queijo *gruyère*; de sobremesa, um crepe de farinha branca, estufado com *crème de marron* – um purê doce de castanhas com baunilha, deliciosa novidade para mim. Por fim, arrematamos o festim dividindo os três um Mont Blanc, outra delícia que fizeram questão de apresentar-me: um montinho de *crème de marron* com creme de leite fresco no topo, combinação sensacional.

Duas garrafas de cidra (uma seca e outra doce) garantem a animação da conversa e uma excelente noite de sono. Sabem viver, os franceses.

Dois dias depois, Sandra convida para almoçar conosco, em casa, duas amigas francesas que ficaram interessadas na minha história e querem me conhecer. Uma delas, Sylvie, é historiadora, loura de pele claríssima, muito atraente, com quem viverei os próximos lances da viagem. Ela nasceu e cresceu na Normandia e mora em Paris desde os tempos de faculdade.

Cão faminto

O almoço com as novas amigas apresentadas por Sandra se estende tarde afora, regado por bom vinho e estimulado pela natural afinidade dos franceses com uma boa conversa. No caso, sobre minhas aventuras recentes no Oriente e o amor, comum a todos nós, pelos livros e a leitura.

Sylvie e Camille se animam tanto que, mesmo mal me conhecendo, me convidam a acompanhá-las de carro até Frankfurt para a famosa feira internacional do livro. Topo na hora e partiremos dentro de dois dias.

Ganho do Pascal, como presente de despedida, um livro maravilhoso de Mircéa Eliade, *Patanjali et le Yoga*, editado pela Seuil. O estilo direto e preciso do historiador romeno, responsável por obras importantes e aluno do célebre Dasgupta, será meu companheiro de viagem pelos próximos dias.

Não falta assunto durante os quase 600 quilômetros e mais de seis horas de viagem por estradas para brasileiro nenhum botar defeito. De novo, tenho de driblar a fumaça dos muitos cigarros consumidos pela dupla, mas já adquiri algum *know-how* nessa atividade e não me abalo. O carona é uma espécie de bagagem, a diferença é que não viaja no porta-malas.

Uma vez na feira, a gente se separa ainda no estacionamento: as amigas partem em busca de contatos acadêmicos e profissionais que não fiquei interessado em conhecer. Fica combinado que voltaremos a nos encontrar mais tarde, no estande da Seuil. Vejo-me sozinho, com um convite na mão, diante dos guichês de entrada apinhados de gente, sem saber direito para onde ir. Por sorte – mais uma vez, surge um anjo da guarda para me ajudar –, um alemão menos apressado me socorre, localizando no mapa do evento o espaço da Seuil e fornecendo as direções.

Sabia que a Feira do Livro de Frankfurt era um dos maiores eventos do gênero em todo o mundo e estava preparado para algo grandioso. Mas a cena com que me deparo ao entrar ultrapassa, de longe, qualquer previsão: em um galpão gigantesco, centenas de estandes e muitos milhares de visitantes me deixam atordoado, e custo um bocado a alcançar o meu destino.

Como não me agradam grandes aglomerações, e essa tem proporções inéditas, passo o restante do tempo concentrado em um ou outro livro no estande da Seuil e em outros próximos, tentando me abstrair da excitada algazarra a meu redor. Enfim, as amigas chegam para me buscar e retornamos, com a noite já caindo, a Paris.

Chegamos bem tarde e Sylvie me convida para dormir em sua casa, um estúdio alugado no quinto e último andar de um prediozinho bem antigo da *rue* Tiquetonne, na margem direita.

Encaramos uma escadaria infernal, muito estreita e íngreme, que galgarei penosa e estoicamente nos próximos dias, sempre me perguntando se as pernas muitíssimo bem torneadas de minha anfitriã seriam fruto da escalada diária daquele tormento em forma de degraus.

Por sinal, começo a fantasiar um rolo com Sylvie, que, apesar de marrenta – como toda jovem francesa politicamente engajada que se preze e, aparentemente, avessa aos meus hábitos quase franciscanos, é bastante interessante. Após tantos meses de vida sexual limitada a sonhos eróticos (na maioria, nem ao menos consumados), estou, para dizer o mínimo, bastante necessitado de afeto.

Nessa mesma noite, após me acomodar a um canto do espaço diminuto do *chambre de bonne* da amiga, conversamos um bocado em torno de uma garrafa de vinho barato, mas *buvable*, no dizer da terra. Não sei se por conta da desinibição momentânea estimulada pela bebida ou se para que eu reconsiderasse qualquer intenção de avanço – a essa altura, meu melhor olhar de cão carente transparece o que passa na cabeça –, ela abre o coração. Conta que, em viagem recente à Romênia para um trabalho de pesquisa, conheceu e teve um breve caso com um sujeito e ficou apaixonada. Alguns copos mais, já chorosa, queixa-se da falta de correspondência, postal e sentimental, do dito cujo.

Com meu plano de invasão da Normandia temporariamente arquivado, levo para a cama o desejo frustrado.

Resistência cívica

Sylvie passa o dia inteiro fora, na universidade, e eu aproveito para conhecer as redondezas – como em qualquer ponto de Paris, cheias de coisas interessantes para ver. O bairro, na margem direita, é povoado por artistas, estudantes, boêmios e intelectuais, que se beneficiam do aluguel mais em conta nos inúmeros prédios como o nosso.

A menos de meia hora a pé, visito a igreja La Madeleine e, pouco adiante, já no jardim das Tuileries, o Jeu de Paume, com sua magnífica coleção de obras impressionistas. Nos jardins, um grupo de senhores na faixa dos 60 se distrai jogando *pétanque*, a versão francesa do bocha.

Levam a sério a coisa, a julgar pela concentração do jogador da vez e o silêncio solene dos circunstantes a cada arremesso de bola. O quê de amargura que julgo perceber nos semblantes, fantasio, é herança dos duros tempos da ocupação nazista, que esses cidadãos viveram na pele – fosse como dominados, simpatizantes ou na clandestina condição de membros da resistência.

Dali até o Louvre é um pulo, e torno a percorrer as galerias que sempre deixam o gosto de quero mais. Retorno de metrô para casa, ao anoitecer; cansado, mas feliz, apesar de incomodado com o azedume exalado pelos braços levantados dos passageiros que viajam em pé, ao meu redor. Por falar em axilas, quase embaixo do nosso prédio tem uma padaria minúscula, mas sempre cheia de clientes, onde abasteço nossa despensa de *baguetes* recém-saídas do forno, que devoro com leite, iogurte, queijos e frutas comprados em uma venda também próxima. Estranho ver as pessoas saindo da padaria com as longas bisnagas debaixo do braço, sem nenhuma embalagem, os sovacos azedos a temperar o sabor da iguaria simples, porém indispensável na mesa de toda família.

Em uma das noites seguintes, vou com Sylvie conhecer a feira de queijos da *rue* Saint Denis, praticamente ao lado de casa, uma fantástica sucessão de barraquinhas com o melhor da produção francesa de todas as regiões. Sou apresentado, entre outros, ao *maroilles*, fedorento como a peste, que ela adora.

Andamos um pouquinho mais, agora na direção contrária, e damos com as profissionais da Place Pigalle, umas mais, outras menos bem-a-jambradas – mas quase todas inspiradoras de desejos que, pelo andar da carruagem, dificilmente irei satisfazer em Paris.

Temos excelentes prognósticos para o final de semana: visitar os pais de Sylvie em sua cidade natal, na Normandia, de onde eles nunca se mudaram. Volto a me animar, pois, apesar do desinteresse no Yoga e em hábitos um pouco mais saudáveis de vida, parece que ela está curtindo a companhia do brasileiro. A esperança é a última que morre.

A viagem de trem até Ville de Dieux les Poelles, cidade minúscula no coração do Bocage, é tranquila. Na *gare* de Montparnasse, em Paris, e na baldeação, em Grandville, Sylvie embarca sempre no vagão de fumantes; eu abro mão da companhia e sigo sozinho em outro, livre do cheiro acre do cigarro e quase vazio, absorto na leitura de Eliade. Toda escolha tem seu preço, como verei adiante.

Volta e meia, confiro pela janela a paisagem, bucólica e homogênea como a de todo o interior do país: pastagens entremeadas com terras geometricamente cultivadas – cada espaço aproveitado até o último centímetro –, pontilhadas por rebanhos de vacas malhadas ou castanho-claras, pequenas propriedades rurais, aqui e ali uma igrejinha antiga, um ou outro povoado. E, à medida que o trem se aproxima do mar, grandes extensões de pastos coalhados de ovelhas.

Tudo na santa paz de Deus e distante, em todos os sentidos, do frenesi da Cidade Luz. E livre, sobretudo, dos horrores da ocupação, que teve seu término anunciado 30 e poucos anos antes, quando os aliados superaram, nesse mesmo solo e pela primeira vez, as forças alemãs.

O trem avança e a imaginação corre solta sobre os trilhos. Vejo, na escuridão da véspera do histórico Dia D, os paraquedistas caindo do céu e avançando em silêncio, pelo meio do mato, buscando abrigo nas fazendas de *maquis* ou simpatizantes da resistência, preparando-se, com os companheiros que virão pelo mar ou por terra, para inaugurar a série de embates que culminariam na derrota final dos invasores.

Uma vitória alcançada à custa de muito sangue, suor e lágrimas, como prenunciou o atilado Winston Churchill, outro mestre da comunicação.

A certa altura do trajeto, após uma das paradas já em território normando, sou arrancado de meus devaneios pelas vozes alteradas de um casal de idosos e de um sujeito mal-encarado que acabou de entrar fumando no nosso vagão e insiste em manter o pito aceso.

De início, o cara tenta argumentar, alegando que os demais vagões estão lotados, mas diante da insistência dos queixosos, passa a ignorá-los, mergulhando na leitura do jornal.

Confesso que nem havia percebido a fumaça, distraído que estava na leitura, mas fico revoltado com a atitude do sujeito. Vou até ele e tento argumentar, mas minha idade, a pele morena e o sotaque não impõem respeito: após breves instantes de atenção, em que escrutina o intrometido da cabeça aos pés, volta a se refugiar no jornal. Isso não vai ficar assim, digo para mim mesmo, disposto a comprar a briga do casal.

Na estação seguinte, salto logo que o trem para, vou até um dos fiscais da *gare* e relato a situação. Ele entra no vagão e expulsa o infrator na mesma hora, não sem antes aplicar-lhe uma boa multa. Na passagem pelo corredor, de volta ao meu assento, o sorriso agradecido dos velhinhos mais que gratifica meu recém-descoberto espírito cívico.

Tive de vir a um país distante para sentir o gostinho da cidadania ativa.

Tour veterinário

A casa da família de Sylvie é uma ampla e sólida construção de pedra e madeira, bem conservada, em uma área um pouco afastada do centro do vilarejo. O pai é veterinário, e a mãe, uma dedicada dona do lar.

Recebem-nos calorosos e me acomodam no quarto do filho que está ausente, em viagem. À noite, receberão para o jantar alguns velhos amigos das redondezas, que estão saudosos de Sylvie.

Faço minhas práticas no quarto, preocupado com o cardápio, pois minha amiga já avisou que aqui *"il faudra manger ce qui est servi"* (na tradução livre, "a gente come o que vier à mesa"). A essa altura, meu francês aprendido na escola está mais afiado, o que é fundamental, pois se tem um povo que valoriza a língua materna é o daqui.

Quando desço, já estão todos sentados à enorme mesa retangular, dominante na sala principal, que imagino ser o coração da casa. Sylvie, os pais e outras quatro pessoas de meia-idade, muito simpáticas e brincalhonas, festejam minha aparição. A cidra e o vinho rolam fartos e os pratos se sucedem, nenhum deles vegetariano. Estúpido ou mal-educado, ou ambos, vou tentando driblar a situação recusando, da forma mais polida possível, o que me é oferecido.

Como todo vegetariano, já vivi essa situação muitas vezes no Brasil, mas aqui sou um jovem convidado estrangeiro, de quem se espera um mínimo de bom senso e flexibilidade, qualidades que, lamentavelmente, me mostro incapaz de demonstrar. Perplexa e cada vez mais constrangida,

Sylvie faz o que pode para amenizar o mal-estar, explicando que vim da Índia, pratico Yoga, não como carne...

A mãe, preocupada com a minha situação, providencia uma salvadora omelete de cogumelos, que devoro até a última garfada, diante dos olhares expectantes dos companheiros de mesa. A salada, que os franceses comem depois dos pratos principais, e os queijos, que arrematam a refeição e antecedem a sobremesa, traço com a mesma eficiência. Doces e licores caseiros depois, julgo que salvei as aparências.

Trato de compensar a desfeita inicial respondendo, animado, às perguntas que vêm de todos os lados e, ao me despedir, acho que dei conta do recado.

Vou dormir com a barriga recheada qual um peru de Natal. Durante a noite, sou obrigado a devolver parte do banquete, pois o organismo não está acostumado a esse tipo de extravagância.

Na manhã seguinte, um sábado, o pai me convida a fazer com ele o giro de carro pelas fazendolas onde vivem seus clientes: na sua maioria, cães pastores, ovelhas e vacas das raças normanda e Jersey – ambas, generosas fornecedoras de leite de altíssimo teor de gordura e, como tais, as maiores responsáveis pelos queijos que fazem mundo afora o prazer dos gulosos e a fama do país.

A raça normanda foi introduzida pelos escandinavos no século 9; e a Jersey, fruto de cruzamentos de gado da Normandia e da Bretanha na ilhota homônima, localizada no meio do Canal da Mancha. O próprio nome da região (normando = homem do norte) revela o forte legado dos invasores e de seus descendentes.

Até hoje mal-afamados e considerados bárbaros, os povos genérica e nem sempre apropriadamente denominados *vikings* eram, além de guerreiros sanguinários, grandes navegadores, *designers* avançados e comerciantes habilidosos – na verdade, em muitos e importantes aspectos, mais civilizados que os ocupantes das terras que ocuparam pela força das armas e colonizaram. Uma injustiça que só em anos recentes começou a ser reparada pelo surgimento de novas técnicas de datação e recuperação da história.

Logo na primeira visita, somos recebidos pela proprietária, uma loura robusta e atarracada de seus 40 anos, em trajes simples e de tamancos nos pés, as duas bolas vermelhas no lugar das bochechas combinando com o lenço da mesma cor amarrado em torno da cabeça. Os dedos curtos e grossos das mãos fortes e o olhar enérgico advertem o visitante de que ela não está ali para brincadeiras.

Como não há sinal de presença masculina na área, apenas duas crianças menores de seus 10 anos, deduzo que ela faça tudo sozinha e imagino que durma pouco. Cuida das duas vacas, tira o leite, faz o queijo, colhe as maçãs, os cogumelos e as castanhas, prepara a geleia, a cidra e outras conservas, cozinha, mantém a propriedade limpa e ainda toma conta dos filhos. Uma guerreira admirável!

Leva-nos até o estábulo, localizado bem perto da pequena casa onde vive a família, dentro do qual a paciente e sua cria recente, uma bezerrinha muito simpática, aguardam a visita do médico. Meu anfitrião, agora paramentado de avental e com luvas de borracha nas mãos, examina carinhosamente mãe e filha e, com os olhos voltados para a proprietária, dá a entender que ambas gozam de saúde perfeita.

A cena seguinte quebra um pouco o clima e é chocante, pelo menos para o espectador leigo. Depois de lubrificar com farta quantidade de vaselina um dos braços enluvados, ele o introduz até o ombro – repito, até o ombro – na vagina da vaca. Feito isso, com o olhar compenetrado próprio da profissão, faz nas entranhas do imenso animal alguma coisa incompreensível para o observador. O tempo todo com os olhos postos em mim, aparentemente divertindo-se com minha perplexidade.

Depois, já dentro do carro a caminho do próximo cliente, ele explica que após o parto é comum surgirem no útero do animal pequenos pólipos que têm de ser eliminados, por meio de massagem com os dedos, para assegurar futuras gestações saudáveis. Nada como a boa e velha medicina tradicional aplicada no campo.

Sine die

Algumas horas e outros poucos clientes depois, estamos de volta. A mãe de Sylvie está a nossa espera e me convida a ir de carro com ela até um bosque próximo para colher cogumelos. Toda serelepe e despachada, arranca do solo e dos troncos de árvores os fungos comestíveis, jogando-os dentro da cesta de palha que sou encarregado de transportar e me ensinando a distinguir os bons dos que devem ser evitados.

Frutas do bosque e uma ou outra erva aromática que vai temperar as receitas ou perfumar a casa não escapam dos olhos e da cesta. O tempo todo, vamos catando do chão os frutos mais bonitos das dezenas de castanheiras que dominam o pedaço. À medida que avançamos, o peso da carga deixa meus braços dormentes, e não vejo a hora de me livrar do fardo.

Em casa, ela me leva até a despensa contígua à cozinha para mostrar, orgulhosa, arrumada em diversas prateleiras, sua impressionante coleção de recipientes de vidro de diversos tamanhos, fechados hermeticamente e etiquetados por conteúdo e data de envase. O esmero da organização me faz lembrar minha mãe. Trata-se de conservas caseiras que ela própria produziu, além de tipos variados de cogumelos, geleias de frutas do bosque e castanhas *in natura* ou em purê, entre os itens que consigo identificar. Provimento suficiente para, no mínimo, um longo inverno.

Sylvie reaparece, saída não sei bem de onde – não a vira desde o fatídico jantar da véspera – e me chama para almoçarmos na casa de amigos: alguns, residentes no vilarejo e outros, como ela, em visita de final de semana à terra natal. É um bando animado, em torno da pequena mesa de refeição da casa também miúda, localizada nas redondezas. Bebem e comem bastante, trocam reminiscências da juventude e zoam uns aos outros.

Provavelmente avisados dos meus hábitos excêntricos, não me dão muita bola, apesar de não chegarem a ser antipáticos. Depois da refeição, sinto na troca de olhares um clima meio estranho e percebo que estão tentando resolver alguma coisa que dispensa minha presença. Desconfio saber do que se trata e resolvo dar uma volta pelos arredores. Quando retorno, meia hora depois, encontro todos ainda mais alegres e barulhentos. O cheiro inconfundível de erva queimada confirma minhas suspeitas. No íntimo, acho graça, pois nem de longe desconfiam que o santinho moreno já teve seus dias de pecador.

A essa altura já está claro que, se minha amiga teve alguma fantasia a meu respeito, a abandonou de vez em virtude dos eventos recentes. Ficou um pouco impaciente, por vezes ríspida, e acho que nosso tempo terminou antes de ter começado. Tomo a iniciativa e informo que, em vez de retornar direto com ela para Paris, pretendo ficar e conhecer um pouco mais da Normandia. Despeço-me da família e parto de trem, sozinho, para Grandville, uma cidade que já viveu dias de glória como balneário da elite francesa. Hospedo-me em um hotel confortável, porém decadente, a julgar pelo estado dos móveis, das cortinas e dos tapetes.

Saio para conhecer a cidade e, em uma lojinha acanhada, compro uma blusa de marinheiro de malha grossa, branca com listras azuis. Gosto tanto dela que não a tiro do corpo nos dois dias que por lá permaneço. Resolvo lavá-la no quarto e deixo a peça de molho dentro de um balde com sabão em pó, para horas depois descobrir, consternado, que minha aquisição não só encolheu como soltou um bocado de tinta.

Retorno a Paris e sigo direto para o estúdio da *rue* Tiquetonne. Encontro Sylvie mais receptiva e combinamos que ficarei ainda duas noites antes de prosseguir para a Inglaterra, onde Patty me espera. A fim de passar o tempo, vou ao cinema duas vezes seguidas, coisa que não faço desde que saí do Brasil. Vejo *O último tango em Paris* e *Taxi Driver*. Não sei se pelo clima depressivo do primeiro ou pela violência do segundo, ou a conjugação de ambos, os filmes me deixam meio abalado e decido abreviar minha estada na cidade.

Vou de metrô até a Gare du Nord e compro um bilhete no trem que parte à meia-noite para Calais; lá, cruzarei o canal na balsa para Dover, de onde seguirei para Londres. Quando Sylvie retorna da rua, à noitinha, me encontra já todo arrumado para partir e fica surpresa. Comprei flores, abasteci a geladeira de iogurte, leite e queijos – ela se emociona. Nos abraçamos, prometemos manter correspondência e encerramos nosso mal iniciado capítulo.

Por minha própria inabilidade e estúpida rigidez, perdi a oportunidade de conhecer *in loco* o que é que a francesa tem. E fica adiado, *sine die*, o meu Dia D particular: o momento, tão ansiado, em que libertarei minha libido do confinamento involuntário.

Cadbury land

Os 300 quilômetros de trem entre Paris e Calais transcorrem tranquilos, apesar de toda a minha excitação diante do que me aguarda do outro lado do Canal da Mancha. Antes de partir, liguei para Patty e ela insistiu para que, uma vez na ilha, eu seguisse direto para Birmingham, deixando para depois a visita a Londres.

Ainda no trem, em uma das paradas, embarca no mesmo vagão e senta perto de mim uma francesinha muito graciosa e simpática, Corinne. Loura, de cabelos curtos, tem a pele bem clara, olhos azuis e uns quilinhos acima do ideal. Como eu, leva o mínimo de bagagem.

Descubro que está deixando a terra natal em busca de trabalho em Londres, onde vivem amigos, pois largou os estudos e as perspectivas na sua cidade não são as melhores. Nossa conversa se estende noite adentro, entremeada por deliciosos momentos de silêncio – primeiro, sobre os trilhos e depois, por mar, até as terras da rainha.

Chegamos ainda escuro em Calais, que é o ponto mais próximo do continente europeu – são somente pouco mais de 30 quilômetros até Dover, do outro lado do canal. Os passageiros desembarcam do trem e seguem direto para seus assentos no imenso *ferry boat*; alguns, visivelmente sonolentos.

Faz frio e a noite é bem escura, mas o mar está calmo. Num instante, a conversa esgotada, Corinne e eu nos beijamos, o calor das bocas aquecendo os corações e amenizando a condição de viajantes solitários.

Continuamos juntos durante toda a travessia do canal e nos 130 quilômetros de trem entre Dover e a estação de St. Pancras, em Londres. Na despedida, um tanto tristes, trocamos endereços e telefones, apesar da certeza de que nunca mais nos veremos.

Sigo no primeiro trem para Birmingham, na região central da Inglaterra, distante outros 350 quilômetros. Agora, com o coração mais leve e grato pela feliz surpresa da viagem. Durmo a maior parte do trajeto, cansado da noite passada em claro. Patty Dyche está à minha espera na estação, e o reencontro é caloroso.

Chegamos a sua casa, uma típica construção inglesa de dois andares, praticamente idêntica às demais da ruazinha tranquila. Há um jardim minúsculo na frente e outro, um pouco maior, nos fundos – este, com o indispensável duende de louça vigilante em um canto do gramado. Cortinas floridas em todas as janelas e, no interior, um *décor* que podemos classificar de moderadamente *kitsch*.

Nos tapetes, objetos e incontáveis bibelôs visíveis a toda a volta predominam tonalidades vibrantes de vermelho, azul, amarelo e verde que de alguma forma conseguem harmonizar-se com a madeira avermelhada, talvez de cerejeira, dos bem envernizados pisos, painéis e escadas. Os móveis, de madeira escura, são cobertos por panos estampados (alguns, bordados; outros, franjados).

Curiosamente, o colorido exuberante da decoração é neutralizado pelo ambiente – vetusto, silencioso, discretamente perfumado, lembra o interior de uma capela ou museu e reflete o momento de vida dos moradores. Tanto o pai como a mãe de Patty são veteranos aposentados da Cadbury, fabricante do famoso chocolate, que se estabeleceu ali mesmo em Birmingham no início do século 19 e continua entre as principais empregadoras locais.

Mr. Dyche, um senhor simpático quase na casa dos 70, passa uma parte do dia lendo os jornais e assistindo tevê; e a outra, no campo de golfe. Mrs. Dyche parece um pouco mais nova que o marido: também cordial, embora um tanto contida, vive dedicada ao lar e aos chás de caridade com as amigas.

Logo à entrada, ela me examina com mal disfarçada curiosidade – sou o primeiro brasileiro e, provavelmente, o primeiro latino-americano que ela vê ao vivo e em cores. Recém-chegado da Índia e estudante de Yoga, então, sou um hóspede bastante incomum. Agradece as flores e os queijos franceses e desaparece nos recônditos da casa.

Um parêntese para o sotaque local, ao qual me esforço em acostumar os ouvidos para poder participar da conversa. Os *brummies* (de Brummagem, variante histórica do nome Birmingham), como são apelidados os locais, falam com o lábio superior praticamente imóvel, colado nos dentes, e algumas palavras saem tão mal articuladas que é quase impossível entender. Patty, de tanto exercitar a língua materna entre estrangeiros, domesticou o acento o suficiente para se fazer compreendida sem problemas.

Depois de darmos algumas voltas pelas redondezas e de me inteirar da rotina de minha amiga por aqui, me indago se ela, filha única, agora com 32 anos, partiu para o trabalho voluntário e o estudo no Oriente por puro idealismo ou se em busca de tintas para colorir um cotidiano monótono. É provável que ambas as razões expliquem sua escolha.

Compro frutas para reforçar o café da manhã – bananas, inclusive, apesar do preço salgado e de algum comentário de Patty que me escapou.

No jantar, frugal como as próximas refeições, tomamos sopa de tomate em lata com pão de forma preto, manteiga e queijo *cheddar* (acho que preferiram reservar o recém-chegado produto francês para uma ocasião mais condigna, da qual não cheguei a participar). Na sobremesa, pudim de caramelo industrializado. Tudo muito gostoso. O cardápio se repetirá na noite do dia seguinte, com uma pequena variação: a sopa será de queijo – sempre Heinz. O racionamento dos tempos de guerra, parece, estabeleceu um padrão que persiste.

Importante centro de produção de armas, munições e mantimentos para as tropas inglesas durante o conflito, Birmingham foi a terceira cidade mais castigada pelos bombardeios alemães, atrás somente de Londres e Liverpool. Estima-se que nada menos que 2 mil toneladas de bombas tenham sido lançadas ali, com um saldo de 2 mil cidadãos mortos e em torno de 6 mil residências inteiramente destruídas.

O café da manhã reserva uma surpresa para a dona da casa e para mim. Ao me flagrar picando uma banana para misturar ao iogurte e aos cereais, ela não se contém e perde a fleuma: "*You are a most peculiar person, ain't you?*" ("Você é uma pessoa bem diferente, né?").

As palavras e o tom de deboche partidos de uma senhora que mal conheço me deixam encabulado. Tratando de amenizar a situação, finjo que achei graça e pergunto a razão do comentário. Ela diz que bananas são frutas muito, muito caras para serem desperdiçadas dessa forma.

Explico que na minha terra não é assim e, já que não como carne, aqui eu resolvi me permitir uma ou outra pequena extravagância. Mas fica algo estranho no ar. Sinto-me um tanto desrespeitado, invadido na minha privacidade. O período colonial acabou, mas esses britânicos não perderam a soberba, pelo menos diante de estrangeiros morenos e barbudos.

Durante o almoço, o dono da casa me criva de perguntas sobre o Brasil, a Amazônia, os índios e a ditadura militar, nessa ordem. Nada sobre futebol, por incrível que pareça. Depois de aparentemente satisfeito com as respostas, aproveita o interlocutor novo em folha para tratar de seu assunto predileto (Patty e a mãe retiram-se para a cozinha, e intuo que não aguentam mais ouvir a mesma ladainha): está revoltado, muito revoltado com a situação em seu país.

Conservador, reclama dos impostos excessivos e dos abusos do estado do bem estar social (*welfare state*). Cita como exemplo mais recente de todo o descalabro o fato de, na tarde passada, ter sido obrigado a jogar golfe ao lado de um jovem que estava desfrutando do seguro-desemprego.

"Trabalhei duro durante décadas para conquistar esse privilégio na aposentadoria. E acho muito injusto ter de bancar o lazer de alguém que mal contribuiu para a previdência social." Ouço com o melhor semblante de solidariedade que consigo expressar e, no íntimo, dou razão ao cara.

Já apreensivo diante da perspectiva de ter de distrair meu anfitrião em futuras conversas de mesmo teor e, sobretudo, sem a mínima curiosidade quanto às próximas sopas Heinz que terei de degustar no jantar, recebo de Patty a excelente notícia de que passaremos o final de semana no País de Gales, onde a família de um amigo muito próximo possui uma cabana bem no meio das Montanhas Negras. Que alívio!

Micos, druidas e dragões

Os amigos de Patty, Michael e Alan, parecem ser uns caras bacanas. O primeiro, que será nosso anfitrião no País de Gales, a julgar pelo jeito como olha para minha amiga, é apaixonado de longa data. Ela finge não perceber e fica claro que está em outra. O negócio dela é com o Alan.

Michael aparenta mais idade do que tem – colega de escola de Patty, deve estar na faixa dos 30 e poucos, como ela. De estatura baixa para os padrões locais, o corpo mirrado e encurvado faz lembrar um personagem de contos góticos. Imagino que tenha alguma doença congênita. Fala pouco, mas quando abre a boca é sempre para um comentário engraçado, o que torna a viagem bastante divertida.

Alan, outro companheiro de infância dos dois, nada diz: apenas ri e dele pouco tenho a comentar, pois mal conversamos. Deve estar tentando entender se existe alguma coisa entre os dois estudantes de Yoga que juntos viveram tantas aventuras na Índia. Boa parte da conversa é sobre os eventos no *ashram* jainista, nos quais Patty me retrata como um herói salvador.

Deveremos vencer os pouco mais de 200 quilômetros até o nosso destino em cerca de quatro horas, pois é final da tarde de sexta-feira e a estrada já está bem movimentada. Vamos eu e Michael no banco traseiro, Alan ao volante e Patty de copiloto. Pernoitaremos na cabana em plenas Montanhas Negras e amanhã faremos um *trekking* de mais de seis horas de ida e volta até uma abadia medieval localizada em um dos inúmeros vales da terra dos celtas, dos sacerdotes druidas e dos dragões.

Pela manhã, antes de partir, Patty e eu vamos a uma mercearia do bairro providenciar o lanche da noite e o desjejum do dia seguinte. Compramos leite, iogurte, maçãs, pão integral, queijo e manteiga, suco de laranja, latas de sopa (sempre elas), um vidro de Nescafé e, item que faço questão de acrescentar à minha cota de contribuição, um pacote de biscoitos recheados de chocolate McVitties.

A guloseima me fora apresentada na véspera pela minha anfitriã e, mancomunada com as sopas e as sobremesas industrializadas consumidas nas últimas refeições, ainda fermentava em minhas entranhas. Eu tinha despertado cheio de gases e com sinais de digestão incompleta.

Uma vez dentro do carro, faz bastante frio e os vidros são mantidos quase cerrados, com o aquecedor na potência máxima. Distraio-me com as placas de sinalização, totalmente ininteligíveis de tantas consoantes e tão poucas vogais se compõem as palavras em galês. Para se ter ideia, na língua viva mais antiga falada nas ilhas britânicas, o "w" e o "y" funcionam como vogais, o que complica ainda mais a leitura pelos não iniciados.

Depois de rodarmos um bocado, começam a circular petiscos de mão em mão, cada um oferecendo o seu: confeitos de amendoim, balas e caramelos sortidos e, na minha vez, os tais biscoitos recheados. Não passa muito tempo e o meu biodigestor interno entra em erupção, o que me obriga a passar a maior parte do tempo concentrado, me contorcendo para evitar o pior. Mas os movimentos peristálticos e a força da natureza vencem a parada e me fazem pagar um dos maiores micos da minha vida.

Na primeira emissão, todos riem – eu, um sorriso literalmente amarelo –, baixam os vidros por alguns instantes e retomam a conversa como se nada tivesse acontecido, em uma bela demonstração da famosa fleuma britânica. Já nas seguintes, e é uma sucessão de peidos silenciosos e fétidos, a piada parece que perde a graça, a conversa morre e os companheiros, agora um tanto sisudos, tratam de fechar os agasalhos para dar conta do frio que invade o veículo pelas janelas escancaradas. Para eles, é encarar o vento gélido ou o suplício na câmara de gás.

É tarde da noite quando enfim chegamos à cabana, situada no alto de um morro e acessível por uma trilha pedregosa e muito sinuosa. Sou o primeiro a saltar do carro e me afasto a uma distância segura, onde libero o que posso dos gases que continuam a estufar minhas vísceras.

Jantamos relativamente em silêncio e vamos direto para a cama – mais apropriadamente falando, catres muito toscos, dispostos no aposento único da construção mais rústica onde já pernoitei. O sono coletivo é perturbado pela predominância dos vapores sulfurosos originados do leito onde o dragão tupiniquim cospe fogo pelo rabo.

Na manhã seguinte, novo vexame. Apesar das tentativas de Patty de me fazer desistir da ideia, insisto em tomar banho no único lugar disponível, que fica ao ar livre: uma bica de água corrente protegida por um nicho de pedras, pertinho da cabana. Faz um frio de rachar, mas confiante na força da mente, meto-me heroicamente debaixo d'água sob os olhares entre curiosos e apreensivos de meus três expectadores.

De início, a coisa corre bem. Me ensaboo e enxáguo tão rápido quanto posso – disfarçando a dor provocada pela temperatura da água – e trato de encerrar a bravata, sem sucesso. Meus pés descalços simplesmente ficaram grudados nas pedras geladas e não consigo soltá-los. Passo alguns segundos à beira do pânico, as gargalhadas dos amigos ecoando no silêncio da montanha, até que finalmente me desprendo. "Esse brasileiro é uma figura", julgo entreouvir na mente dos companheiros.

A caminhada pelo topo das colinas é sensacional, apesar de bem mais longa do que prevista. Uma paisagem belíssima, as montanhas se estendendo até onde a vista alcança e contornando sucessivos vales. Bem lá embaixo, em miniatura, veem-se rebanhos de ovelhas e uma ou outra construção rústica assinalada pela fumaça da chaminé. Um cenário de silêncio e paz praticamente intocado desde os tempos das tribos celtas e das legiões de conquistadores romanos.

Chamam a atenção as cercas que demarcam as propriedades – todas de pedras empilhadas, harmoniosamente integradas na paisagem – e a forma como os criadores identificam seus rebanhos, tingindo parte do pelo dos animais (vi ovelhas tisnadas de vermelho, verde e azul). Em duas ocasiões, passam por nós grupos de turistas a cavalo, registrando com suas máquinas fotográficas a beleza única da paisagem.

O retorno a Birmingham, no domingo, é mais tranquilo, após um sono reparador e sem odores, embalado pelo cansaço da caminhada e pelo uísque trazido pelos ingleses, degustado em copos de geleia ao redor da lareira, entre recordações dos tempos de escola e boas gargalhadas.

À luz do dia, as praças e edificações dos pequenos vilarejos galeses pelos quais passamos na vinda, que mal consegui apreciar devido às condições miseráveis em que me encontrava, ganham nova vida, encantadoras com sua arquitetura típica e organização.

Será a minha última noite entre os Dyche, pois na segunda-feira seguinte embarco no trem para Londres.

London, London

Desembarcar no belíssimo terminal ferroviário de Paddington, no centro londrino, é resgatar por alguns momentos os tempos áureos da era vitoriana e a revolução na indústria e no comércio que a então maior potência do Ocidente operou durante mais de seis décadas.

Arrojada para os padrões arquitetônicos da época em que foi construída, a estação é um dos muitos feitos pioneiros do engenheiro e arquiteto Brunel, que também idealizou a Great Western Railway e o *SS Great Britain* – o primeiro navio a vapor movido por hélice –, para citar os mais célebres.

Na plataforma, sob o domo envidraçado da imensa estrutura de ferro forjado, basta um tico de imaginação para vislumbrar os usuários de outrora chegando afobados em seus coches, a cavalo, de bicicleta ou a pé para embarcar nos vagões recobertos de carvão. Com um pouco mais de fantasia, dá até para sentir o cheiro da graxa e da fumaça misturado ao dos corpos abafados em trajes empoados e atenuado apenas pela fragrância do talco e do perfume das madames.

Venço a pé um curto trajeto para descobrir, nas imediações, uma hospedaria pequena e acolhedora onde me instalo com meus pertences em um dos quartos do segundo piso. Minha bagagem agora tem um volume a mais, pois, além da bolsa tiracolo e da mochila verde, trago um saco de marinheiro azul presenteado pelo Hans, resquício dos tempos de serviço militar obrigatório de meu amigo alemão.

As tarifas módicas que me atraíram aqui só podem ter a ver com a admirável diversidade étnica e cultural presente no minúsculo aposento do andar térreo que serve de recepção e sala de estar, imagino.

Indianos, africanos, árabes e outros tipos, alguns em indumentárias exóticas, conversam entre si, folheiam os jornais ou acompanham o noticiário na TV, possivelmente se preparando para disputar seu lugar ao sol na terra prometida. O banheiro é coletivo, um para cada andar da residência – por sinal, idêntica às demais situadas nos dois lados da rua. A gerente, uma portuguesa, talvez sabedora das excentricidades latinas, adverte que o desperdício de água não é tolerado: tenho direito a um banho diário, e olhe lá.

Saio para conhecer a pé e de metrô a cidade onde personagens de muitos livros de minha adolescência viveram suas aventuras, o excêntrico Phileas Fogg e o astuto Sherlock Holmes, inclusive. Por sinal, bem pertinho fica, agora em um prédio moderno que se destaca das construções mais antigas no entorno, a sede da afamada Scotland Yard.

Doido que sou por história, faço logo nos primeiros dias o indispensável *tour* dos museus e suas fantásticas coleções – o British, o Victoria & Albert e o Natural History. Atravesso a pé a antiga ponte a caminho da Torre de Londres para conhecer, *in loco*, o pátio onde rolaram as cabeças de rainhas e súditos caídos em desgraça por conveniências políticas da ocasião.

No museu da torre, chama a atenção o tamanho das armaduras e elmos, bem pequenos em contraste com as pesadas espadas, machados e maças empunhados pelos guerreiros. Os caras certamente compensavam a relativamente baixa estatura com a habilidade e a força descomunal dos braços e das pernas, exercitados desde a infância para o combate corpo a corpo. Imagino como se sentiram diante dos ferozes escandinavos que, em busca de riquezas, saquearam e ocuparam as ilhas britânicas e boa parte do continente europeu a partir do final do século 8.

Também impressiona o acervo de lanças e arcos, a maioria em perfeito estado de conservação. Entre esses últimos, alguns exemplares do famoso *longbow*, o arco longo responsável, segundo relata Winston Churchill na sua fantástica obra *Uma história dos povos de língua inglesa*, pela supremacia dos ingleses sobre os rivais franceses nos confrontos em campo aberto já mais para o final da Guerra dos Cem Anos, em meados do século 14.

Deve mesmo ter sido exasperador, para os comandantes inimigos, assistir de longe, impotentes, às sucessivas chuvaradas de flechas disparadas a distâncias seguras e ver fileiras e fileiras de homens, a pé ou a cavalo, caírem mortos ou feridos antes mesmo do aguardado embate corpo a corpo, quando os números, as condições físicas e a bravura falavam mais alto que qualquer tecnologia marcial.

Cavalo louco

Curto bastante, em longos passeios, as extensas e bem cuidadas áreas verdes da cidade. Desde as grandes, como o Kensington, o Regent's e o Hyde Park, até as menores, mais aconchegantes, como o St. James Park, perfeito para um lanche tranquilo e restaurador. Estamos no final de outubro, em pleno outono, e as cores suaves em tons pastel dão um toque especial à paisagem.

As árvores por toda a volta, cobertas de marrom, vermelho, laranja e amarelo, atapetam de folhas o chão e amaciam os passos do caminhante. Os trinados de pássaros pertencentes a uma dúzia de espécies, se tanto, e o eterno frenesi de esquilos de caudas peludas correndo ou saltitando incansáveis de um lado para o outro complementam o cenário, típico do Hemisfério Norte nessa época do ano.

Em cada um dos parques, busco recantos mais isolados, sento no colchão de folhas com as pernas cruzadas e os olhos fechados e me abstraio do entorno, em agradáveis pausas para a contemplação e o silêncio interior.

O tempo todo, trato de assegurar a energia física com maçãs, sanduíches de queijo e garrafinhas de leite que levo na mochila. Faço apenas uma refeição principal, o almoço, no restaurante vegetariano que estiver mais próximo. O Cranks é o meu predileto, com seus mil e um tipos de salada à escolha do freguês e tortas diferentes em cada dia da semana, sempre com arroz integral. Uma delícia.

O leite merece menção especial. Deixado pelo leiteiro ao lado do jornal na porta das residências ou vendido em mercearias, é encontrado em três versões, identificadas pela cor da tampa metálica do recipiente de vidro: vermelha, para o tipo comum; prateada, para o de médio teor de gordura; e dourada, para o integral – este, tão rico que chega a formar um dedo de nata espessa no topo do vasilhame. Claro, compro sempre o de tampa dourada, do qual bebo pelo menos três garrafinhas de quase meio litro cada, todos os dias.

Conheço outras atrações imperdíveis, como o Palácio de Buckingham – onde chego, por sorte, no exato momento da troca da guarda –, o mercado de Covent Garden e o zoológico. E, já na perspectiva do retorno em breve ao Brasil, faço minhas comprinhas. Primeiro, na imensa Marks & Spencer, onde aproveito para cortar o cabelo (um desastre, achei na hora, mas depois mudei de ideia); depois, na Lillywhites do Piccadilly Circus. Gasto alguns trocados também nos corredores do Kensington Market e no famoso mercado de rua de Portobello Road.

À noite, saio para beber uma cerveja em um dos *pubs* próximos da hospedaria antes de seguir para um concerto de *rock* no Royal Albert Hall – uma apresentação inesquecível do Renaissance, com direito a orquestra, tocando músicas dos álbuns *Ashes Are Burning* e *Songs to Shehrazade*. Repito a dose, em outra ocasião, para assistir a Patti Smith & The Stranglers no bem mais distante Hammersmith Odeon, programa do qual por muito pouco não saio direto para a enfermaria ou o necrotério. Explico.

O *show* está quase no final e o auditório, lotado de *punks* de todas as facções, àquela altura bastante exaltados pela voz e pelos discursos rouquenhos de seu ídolo proferidos nos intervalos entre cada canção. Durante a apresentação, trato de me mesclar à turba, tão discreto quanto possível, favorecido pelo inusitado e agora superoportuno corte de cabelo perpetrado pelo barbeiro do Marks & Spencer. Ao ser anunciada a última música, resolvo me antecipar e sair antes do final para evitar o tumulto.

Desço as escadas do metrô e encontro a estação praticamente vazia, silenciosa. A exceção é um homem de meia-idade, em trajes bem surrados, sentado de cabeça baixa em um dos bancos diante dos trilhos. Quando me aproximo, sinto o forte cheiro de birita, mas mesmo assim, mais em busca de companhia do que por solidariedade, sento-me ao lado dele, que ignora por completo a minha presença. Uma escolha salvadora.

Afinal, chega uma composição, o vagão estaciona bem diante de nosso banco e desembarca de supetão um sujeito gigantesco. Os olhos alucinados lembram os do Bucéfalo de Alexandre, o Grande, retratado nos mosaicos romanos de Pompeia – em todos os sentidos, apavorante. De relance, percebo pelos semblantes dos passageiros o sufoco que passaram naquela ingrata companhia. E é claro, o alívio geral quando o trem se põe novamente em movimento, agora livre do estrupício.

O troglodita nos avista e vem aos tropeços em nossa direção. O desconhecido sentado a meu lado percebe o movimento e, não sem antes me relancear o olhar, como se a me instruir sobre como proceder, enterra ainda mais a cabeça no peito e finge que dorme. Com o sangue gelado nas veias, trato de fazer o mesmo torcendo para que dê certo.

O grandalhão se posta ameaçador bem diante de mim, a menos de dois palmos de distância, e não ouso levantar o rosto – tudo o que vejo dele são os pés, imensos como o resto do conjunto. Permanece estático durante o que parece ser uma eternidade, eu e meu companheiro de banco imóveis, feito múmias, e a fera ali de pé, esperando qualquer sinal de vida nosso para entrar em ação.

Finalmente, frustrado por não ter um alvo móvel onde descarregar sua fúria, ele segue até uma das placas metálicas afixadas nas pilastras de concreto e desfere uma saraivada de socos com as mãos nuas, até cansar. Ouço tudo sem levantar o rosto, agora trêmulo, torcendo para aquele pesadelo acabar. Por sorte, logo chega outra composição, as portas se abrem e o bárbaro pula dentro do vagão, diante dos semblantes aterrorizados dos passageiros. Essa foi por pouco!

Assim que o trem se afasta, nos entreolhamos, eu e o bêbado, agora francamente solidários. Agradeço pela ajuda e ele permanece em silêncio, limitando-se a acenar com a cabeça.

Caminho, curioso, até a placa onde está pintado o mapa do metrô e constato que ficou toda marcada pelos socos, as mossas no metal dando conta do massacre do qual acabamos de escapar. Mais uma vez minha pele é salva por um anjo da guarda – desta feita, sem turbante, mas alcoolizado e, de novo, trajado de mendigo.

Logo a estação é invadida por hordas de jovens barulhentos, ainda embalados pela música e a desesperança cantada por Patti Smith e sua banda, restaurando, à sua maneira, a normalidade. Chega, enfim, o meu trem.

Embarco de volta para Paddington e para a segurança do meu quarto de hotel, refletindo sobre o mal que se esconde nos subterrâneos de Londres – uma cidade que consegue ser ao mesmo tempo acolhedora e hostil para o estrangeiro.

Todos iguais

Depois de uma semana deliciosa em Londres, interrompida de forma tão surpreendente pelo quase fatídico encontro na estação de Hammersmith, não vejo a hora de dar por encerradas as aventuras e voltar ao Brasil. Não que não esteja gostando da experiência europeia, muito pelo contrário. Tanto que cheguei a considerar, ainda em Nuremberg, incentivado pelos amigos alemães, a possibilidade de permanecer aqui por mais tempo para ajudá-los a desenvolver o trabalho do Institut für Klassischen Yoga.

Mas a ideia foi abortada na raiz quando, em uma carta, meu professor Vayuananda alertou que meu velho não estava muito bem de saúde e sugeriu que eu retornasse sem demora. Voltei, confesso que um tanto assustado, para encontrar tudo na maior normalidade. O alarme, felizmente constatei, era falso, e meu pai viveu bem vivo e lúcido até os 94 anos de idade.

O navio que me levará de volta para casa é o cargueiro *Itaimbé*, da frota própria do Lloyd Brasileiro e tripulado por conterrâneos. Seu último porto de parada será Le Havre, mas, com o dinheiro já bem escasso, decido abreviar a viagem e embarcar logo em Glasgow, onde a embarcação ficará ancorada por uma semana.

Os três dias finais em Londres são bastante movimentados e não sem umas tantas peripécias – a mais notável, no caminho de volta ao hotel, dentro de uma cabine de elevador nas profundezas da estação de Leicester Square, onde imergi após deixar o cinema Odeon, onde acabara de assistir a *Laranja mecânica*.

Estou tentando sacudir da alma e da pele a violência do filme, em dúvida sobre quem é mais cruel, o protagonista ou o sistema que o pariu.

Nisso, na longa descida de elevador para o último dos muitos andares da antiquíssima estação, o ascensorista – um senhorzinho de olhos injetados e cheirando forte a birita – trata mal e chega a agredir verbalmente uma passageira de pele morena como a minha.

Cônscio de meus direitos como cidadão e disposto a repetir a experiência normanda, vou com a moça até um dos fiscais da estação e relatamos o ocorrido. Ele nos pede para acompanhá-lo e reconhecer o infrator que, sem mais delongas, é retirado da cabine e levado para o escritório. Não sei bem o final do episódio, mas fiquei apreensivo com as consequências de meu testemunho na vida daquele trabalhador. Torço para que não tenha perdido o emprego, mas apenas recebido uma advertência.

Saio para compras de última hora em uma loja de produtos naturais das redondezas, já pensando no cardápio dos próximos dias a bordo. As fileiras de vasilhames com os conteúdos mais diversos, expostos para venda a granel em prateleiras de madeira escura, mais lembram uma antiga drogaria. Compro, entre outros itens, quantidades consideráveis de aveia integral, sementes de girassol e de linhaça, uvas-passas, figos e damascos secos, nozes de vários tipos – uma provisão que calculo ser suficiente para *müeslis* variados nos cerca de 20 dias de viagem.

Meus três volumes de bagagem estão estufados: além das coisas trazidas do Brasil, roupas e objetos que comprei para mim e os meus no Oriente e na Europa, inclusive um ralador portátil da marca Moulinex, que me acompanhou durante décadas.

Faço, agora com precoce nostalgia, alguns passeios de despedida pelas ruas e parques; a cabeça, metade na família e nos amigos que aguardam minha chegada. Mal posso esperar a hora de contar as tantas aventuras vividas nesse ano longe dos meus.

Vou até a estação ferroviária de Euston, compro meu bilhete para Glasgow e dou por encerrada a temporada em solo inglês.

Ao chegar à capital da Escócia, 550 quilômetros e seis horas depois, a maior parte na excelente companhia de Mircéa Eliade ou em sono profundo, tomo um táxi e peço que me leve direto ao porto. Lá chegando, constato que a coisa não é assim tão simples, pois toda a informação de que disponho para localizar a embarcação são o nome (*Itaimbé*) e a nacionalidade – e o porto é gigantesco, muito maior do que podia imaginar.

Demoro um bom tempo para encontrar o navio. Os seguranças das guaritas dos sucessivos cais aonde eu e o solícito motorista do táxi nos dirigimos têm dificuldade em entender o nome praticamente impronunciável em inglês, que apresento escrito em uma folha de papel. Após várias tentativas frustradas, finalmente acertamos o alvo: da guarita, o segurança se comunica por telefone com alguém no passadiço do *Itaimbé*, que confirma minha condição de passageiro e libera meu ingresso no cais.

Sou muito bem recebido – primeiro, pelo imediato, e depois, pelo capitão. Me ver cercado de brasileiros calorosos e falar direto em português é uma grande alegria, que se estende até o final da viagem. Temos outra passageira a bordo, Ângela, uma jovem paulista que retorna ao Brasil depois de uma temporada em Londres. Conversamos bastante e, em alguma medida, durante a viagem acabo servindo de anteparo ao assédio discreto dos tripulantes, todos, homens do mar pouco acostumados com a presença feminina a bordo.

Sempre que ela me vê, senta junto e puxa papo, ignorando as brincadeiras e provocações dos mais saidinhos. Logo na primeira noite, o imediato, um jovem carioca muito simpático cujo nome infelizmente esqueço, nos convida a ir com outros oficiais assistir ao concerto do Thin Lizzy, no Apollo. Vamos de táxi e desistimos da empreitada ao ver o tumulto na porta do teatro, pois os ingressos estão esgotados.

Pouco vi de Glasgow durante esse curto período – para dizer a verdade, não muito mais do que pudemos conhecer à noite, dentro do táxi, no trajeto de ida e volta do programa furado.

A curta viagem até Le Havre, outro porto importante do continente, é bem tranquila. Ficaremos por lá mais três dias, enquanto o navio completa sua carga antes de zarpar para o Rio de Janeiro. Aproveito para passear pelas vizinhanças e comprar, em um mercado cheio de produtos do Mediterrâneo, uma penca imensa de tâmaras frescas, carnudas e dulcíssimas, as melhores que já comi na vida.

Depois, é mar abaixo e céu acima até avistarmos terra, já diante da barra do Rio. Ao costearmos a Zona Sul para entrar na Baía de Guanabara, a visão das montanhas e do Cristo, ao fundo, é inesquecível, gloriosa, e me enche de orgulho do lugar onde nasci e cresci.

Dessa vez, minha família faz o dever de casa. Ao atracarmos em um dos píeres da Avenida Rodrigues Alves, pelo meio da tarde de um dia claro e bonito, lá de cima do convés vejo, em miniatura, meus velhos e minha irmã Patricia acenando com lenços. Que momento! A caminho de Copacabana, mal consigo atender a tantas perguntas. Minha mãe quase não fala, de tanta emoção.

Estou de volta a minha casa, ao meu lugar. Ao me indagarem o que aprendi de importante e se encontrei no Oriente a resposta que buscava – e repetidas vezes isso irá acontecer, nos meses e anos seguintes –, direi sempre as mesmas poucas palavras, sinceras e do coração: no fundo, somos todos iguais.

Nessas ocasiões, devo ter frustrado quem esperava ouvir algo mais profundo e edificante, mas eu não conseguia elaborar mais do que isso. Foram muitas e muito intensas as experiências que vivi. Tanto que, somente 40 anos depois, Vayupranetra, o discípulo que aceitou o vento como mestre, compreendeu que a viagem não acaba, e o aprendizado não tem fim.

DE CHEGADA

Nunca saberei ao certo o que atraiu o leitor a este livro – se inspiração, conforto para a alma, recheio das horas ociosas ou mera curiosidade. São todas razões válidas, e sou grato pelo interesse. Mas julgo oportuno enumerar alguns motivos para tê-lo finalmente produzido.

Quando vivi o que acabo de narrar, os tempos eram conturbados, como talvez sempre tenham sido, tanto no Brasil como no resto do mundo, mas ainda prevalecia a perspectiva de um futuro melhor.

O homem dominara a energia nuclear e avançava na conquista do espaço. As telecomunicações evoluíam rápido, aproximando povos e culturas e prenunciando o advento de uma grande "aldeia global". Os sonhadores da cultura alternativa celebravam por antecipação a chegada da Era de Aquário – quando o interesse coletivo falaria mais alto do que o individual e a humanidade enfim viveria em harmonia, paz e amor universal.

Em muitos e importantes sentidos, penso que aconteceu justamente o inverso. O individualismo e a egolatria se acirraram, ao passo que as sensibilidades e o espírito fraterno se embotaram. Morreram, para muitos, os sonhos e as utopias.

Nós e nosso hábitat, cientistas renomados reconhecem, temos futuro incerto. Anunciam-se tempos difíceis e cada um trata de se preparar do jeito que pode. Um contingente considerável de pessoas, orientadas menos pelo espírito aquariano e mais pelo "se a farinha é pouca, quero meu pirão primeiro".

Diante desses horizontes nebulosos observo, solidário e por vezes um tanto aflito, a firmeza de propósito e o afã com que grande número de conhecidos mergulha de cabeça em busca da verdade absoluta, da superação a qualquer custo de limites físicos e emocionais, do encontro com o mestre, da saúde perfeita. Percebo, preocupado, a disposição com que se expõem a riscos desnecessários e comprometem precocemente os ossos e as articulações. E me assusta, sobretudo, ver cada vez mais gente pronta a abdicar da responsabilidade pelas próprias escolhas e, em uma bizarra "terceirização" da consciência, confiá-las a curiosos de variadas feições.

Nunca, quero crer, se presenciou tamanha profusão de gurus e de espíritos de luz, nem buscadores da verdade tão carentes de atenção e tão dispostos à obediência cega. Há algo de estranho nisso.

A esta altura da caminhada, calculo ter acumulado experiência suficiente para, se não iluminar, ao menos sinalizar alguns dos obstáculos e pontos arriscados do percurso, como dizia e repetia meu primeiro mentor no Yoga, o inesquecível Vayuananda. O mesmo que, antes de minha partida para a Índia, me deu uma foto de seu mestre, Kapilananda, com enigmáticos dizeres no verso que só muito depois compreendi: "Que Sua luz te ilumine e te guie quando as trevas invadirem o teu caminho, mas faz sempre tudo como se Ele estivesse presente."

Vejo tudo de forma bem diferente, agora. Meus ideais e convicções, como é natural com a passagem dos anos, foram temperados pela experiência e moderados pela dúvida. Aprendi bastante, talvez mais com a estrada do que com qualquer outro guia. E sei que não devemos ter pressa, pois a natureza não dá saltos, como não cansava de lembrar a querida professora Eneida.

Durante um longo período que por vezes julguei interminável, desviei-me do sonho juvenil para saciar a minha fome de mundo, muito maior do que podia imaginar – e sempre renovada a cada desejo satisfeito.

Com menos de 30 anos, fui contratado por uma grande multinacional do petróleo. E confesso ter ficado surpreso ao ouvir, do diretor de RH que me recebeu para uma entrevista em seu luxuoso escritório, uma observação que nunca esquecerei: "Curioso, você fez o caminho inverso. Muitos executivos, como eu, que passaram a vida dentro do escritório ou viajando a trabalho, sonham um dia encerrar a carreira com um sabático como esse. Você começou pelo final."

Fui aos poucos corrompendo o ideal e me afastando do porto de destino. Reticente, na maior parte do tempo, quanto ao valor real do que conquistara, diante de uma ambição tão ousada como era a minha aos 20 e poucos anos de idade.

Pouco adiante, preso por vontade própria aos compromissos com a família e os filhos, cheguei até a dar aulas de Yoga e a ter o privilégio de traduzir para a nossa língua vultos da literatura, atividades frutuosas e não de todo destoantes de uma vida que, pensava, seria dedicada ao autoconhecimento.

Senti-me, com frequência, fraco e covarde por não ter sido capaz de me manter na trilha. Devo ter feito o bem a muitas pessoas; a outras, decerto, magoei e decepcionei. Perdi-me no labirinto, caí e tornei a me erguer, quase sucumbi.

No balanço final, constatei ter consumido boa parte de meu tempo mergulhado na rotina desafiadora, embora muitas vezes árida e não raro frustrante, que reputo hoje uma experiência igualmente enriquecedora, como executivo de comunicação em grandes corporações. Nos momentos de maior culpa e angústia, busquei e encontrei refúgio nas palavras de meu mestre na Índia, o iogue Jayadeva Yogendra: "Não tente se julgar, deixe isso para Deus."

Em retrospecto, vejo que o aprendizado da juventude sempre esteve presente e, de formas mais ou menos claras, ajudou-me a vencer os trechos mais atribulados do caminho. Nesta altura do percurso, em que sinto me equilibrar com mais firmeza no aguçado fio da navalha, compreendo que, mesmo que em certos instantes a vida pareça não nos servir, continuamos a servir à vida. Pois pouco somos diante de tamanha força.

Por tudo isso, prefiro abrir mão do frágil conforto das certezas absolutas e ancorar minha fé na firmeza da dúvida. Deixei de acreditar que existam verdades supremas, tais como apregoadas pela maior parte dos credos hoje abraçados com fervor por milhões de seguidores. Acho improvável que o universo possa conspirar contra ou a favor de nada ou de ninguém, até porque seria injusto e contra as leis da natureza – estas, sim, inexoráveis e bem além de nosso limitado entendimento. Desconfio, também, da cantilena de que em essência somos seres superiores, magníficos, anjos em estado latente que aguardam apenas as condições propícias para alçar voo acima das vicissitudes terrenas. Pode até ser.

Julgo mais razoável e prudente ter a humildade de reconhecer que somos macacos bastante sofisticados – alguns mais evoluídos, outros menos –, capazes de feitos grandiosos se moderados pelo autoconhecimento, a disciplina e o amor solidário pelos semelhantes e por todos os seres vivos. E que esse conceito bastante difuso, o de humanidade, seja a expressão de um momento fugaz da espécie em seu longo trajeto rumo ao desconhecido. Se para a extinção ou para a transcendência, acho impossível afirmar.

Conforta-me encontrar alguma paz em minhas limitações e, apesar delas, buscar servir e ser útil sem ambicionar muito mais. Cuidar do próprio jardim, como concluiu Candide, o sábio personagem de Voltaire, após sua tragicômica odisseia, tratando de controlar os danos – ou de reduzir a pegada existencial, para usar um termo mais de acordo com os tempos – é, acredito, como melhor podemos retribuir essa dádiva inestimável que é viver.

De volta a este livro, aprendi cedo com minha avozinha Carmita que, por maior que seja a fome, devemos sempre sair da mesa guardando no estômago algum espaço livre para a próxima refeição.

Torço para que os leitores sintam o mesmo e que seu apetite permaneça aberto.

FOTOS E INFOGRÁFICOS DA VIAGEM

O novo dia no Atlântico Sul:
rumo ao Oriente

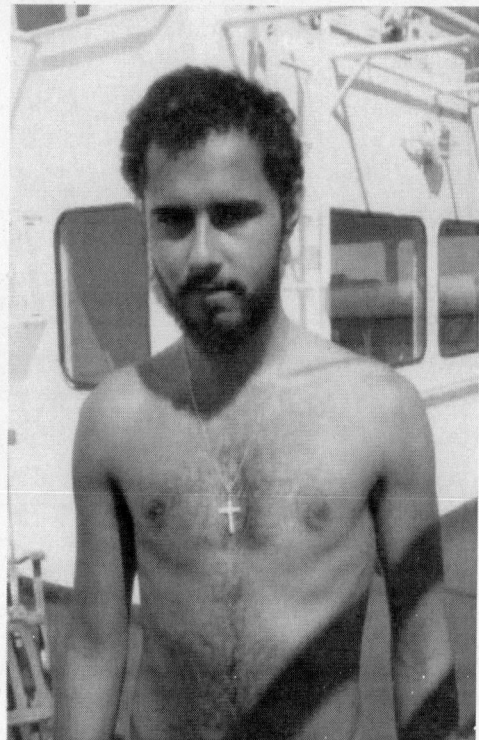

O Asteri e o navio-escola da Marinha
argentina, no Porto de Santos

Em escala no Golfo Pérsico, o estivador bate
continência | Nicholas, o oficial de radiotelegrafia |
Lagarteando à base de Dramamine

Companheiros de oceano se cruzam | O contramestre | Ensaiando o desembarque em Al-Kuwait

Embarcação típica no Golfo Pérsico |
Sapateiro ambulante em Bombaim |
Imagem na caverna de Elephanta

Moradora de rua | Orgulho no olhar do sentinela, na Central Station de Bombaim | Entrada do templo vedantino, em Powai | O antigo (barco) e o novo (plataforma de petróleo), em contraste

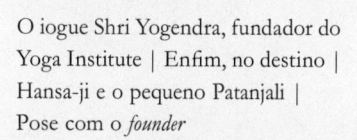

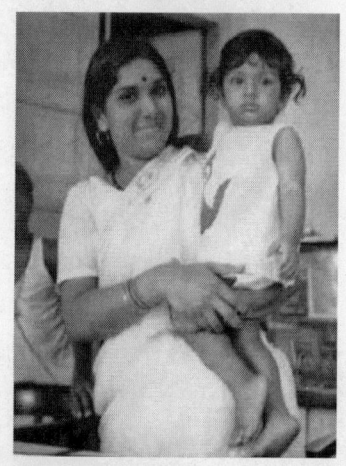

O iogue Shri Yogendra, fundador do
Yoga Institute | Enfim, no destino |
Hansa-ji e o pequeno Patanjali |
Pose com o *founder*

Flagrantes no Yoga Institute:
Shri Yogendra e Sitadeva, na palestra dominical
| Doctor Jayadeva | Meus pupilos no curso de
imersão de uma semana | Hans Vogel

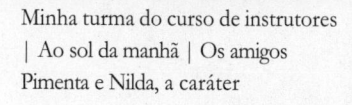

Minha turma do curso de instrutores | Ao sol da manhã | Os amigos Pimenta e Nilda, a caráter

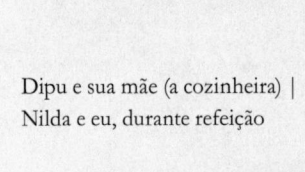

Dipu e sua mãe (a cozinheira) |
Nilda e eu, durante refeição

Glória e Walter visitam o amigo em
Santa Cruz | As irmãs holandesas,
Brigitte e Chakho

Macaquices em Powai | No Portal da Índia |
Adornando o ego | Festival religioso
em Santa Cruz East

Pimentas ao sol, na comunidade *swadeshi* | Brigitte e Patty | Siddhãsana de costelas de fora

Mesquita de Badshahi,
em Lahore |
Transeuntes em Herat

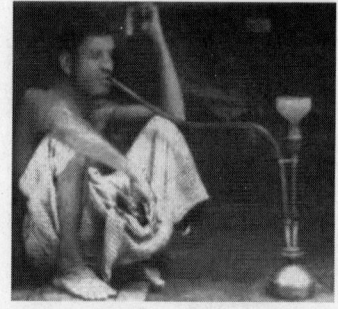

Pátio da Mesquita de Badshahi:
capacidade para 100 mil fiéis |
No Antigo Bazar de Lahore,
comerciante pitando o narguilê |
Um sorriso espontâneo

Detalhe da mesquita | O lotação topa-tudo | Passeando no bazar | Posando de bacana em Istambul | Da varanda do meu quarto de hotel, a Mesquita Azul

Vista geral, telhados e igreja
Frauenkirche, em Nuremberg

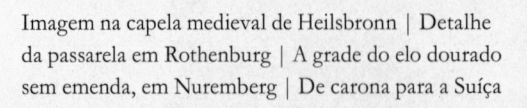

Imagem na capela medieval de Heilsbronn | Detalhe da passarela em Rothenburg | A grade do elo dourado sem emenda, em Nuremberg | De carona para a Suíça

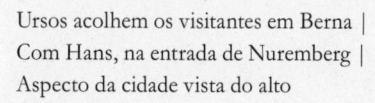

Ursos acolhem os visitantes em Berna |
Com Hans, na entrada de Nuremberg |
Aspecto da cidade vista do alto

Vale do Emmental |
Planejando o dia |
A casa bem assombrada

Maré baixa em Grandville |
Um cavalo normando visto do trem |
Sylvie | Santa Cruz, sempre

Com Patty e Michael, na trilha dos druidas, País de Gales | A fonte onde os pés ficam grudados

English house, English garden.
Cortinas floridas e vaso na janela são de lei

O autor aos 23, em foto de Hans Vogel.

1975–1976

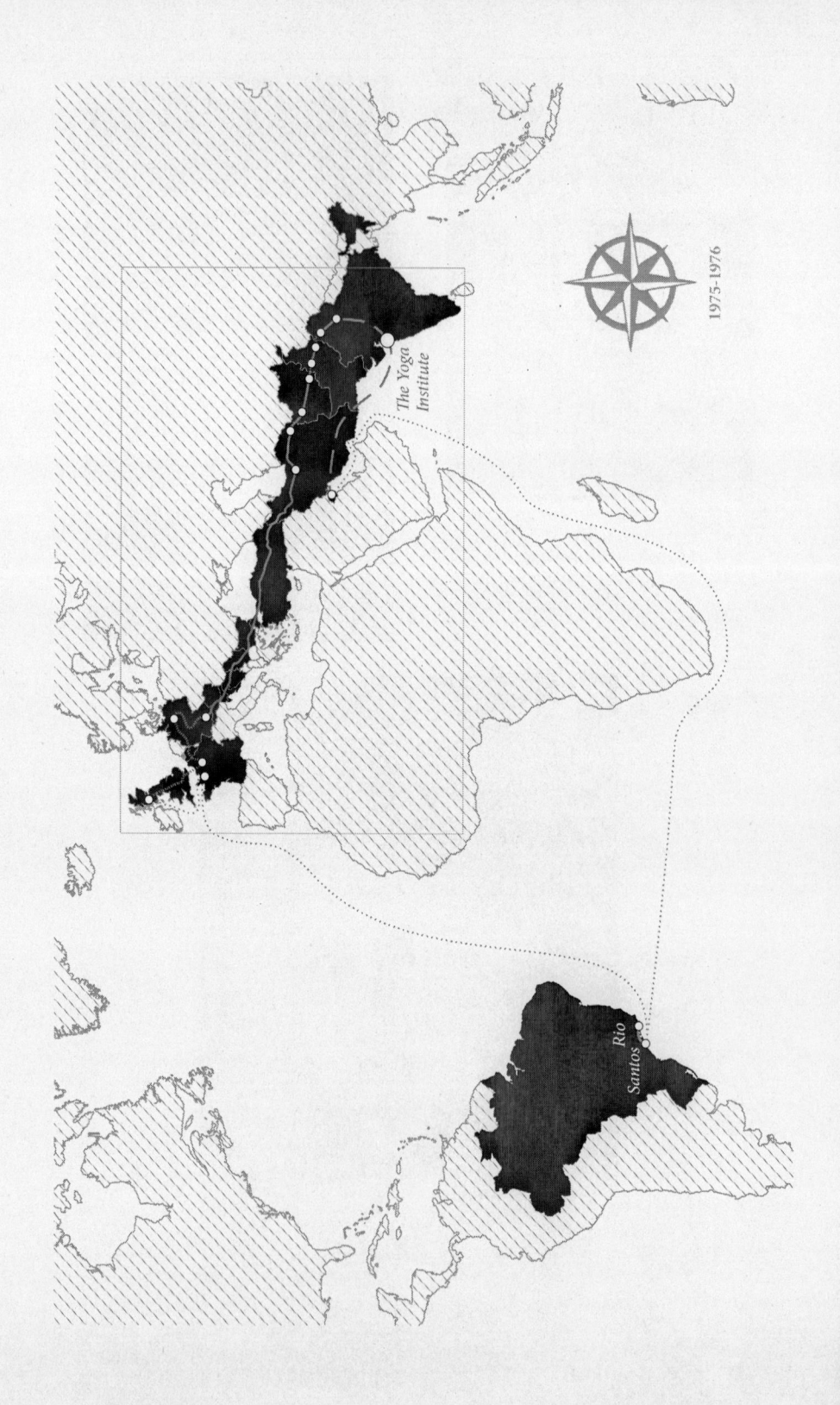

The Yoga Institute

Rio
Santos

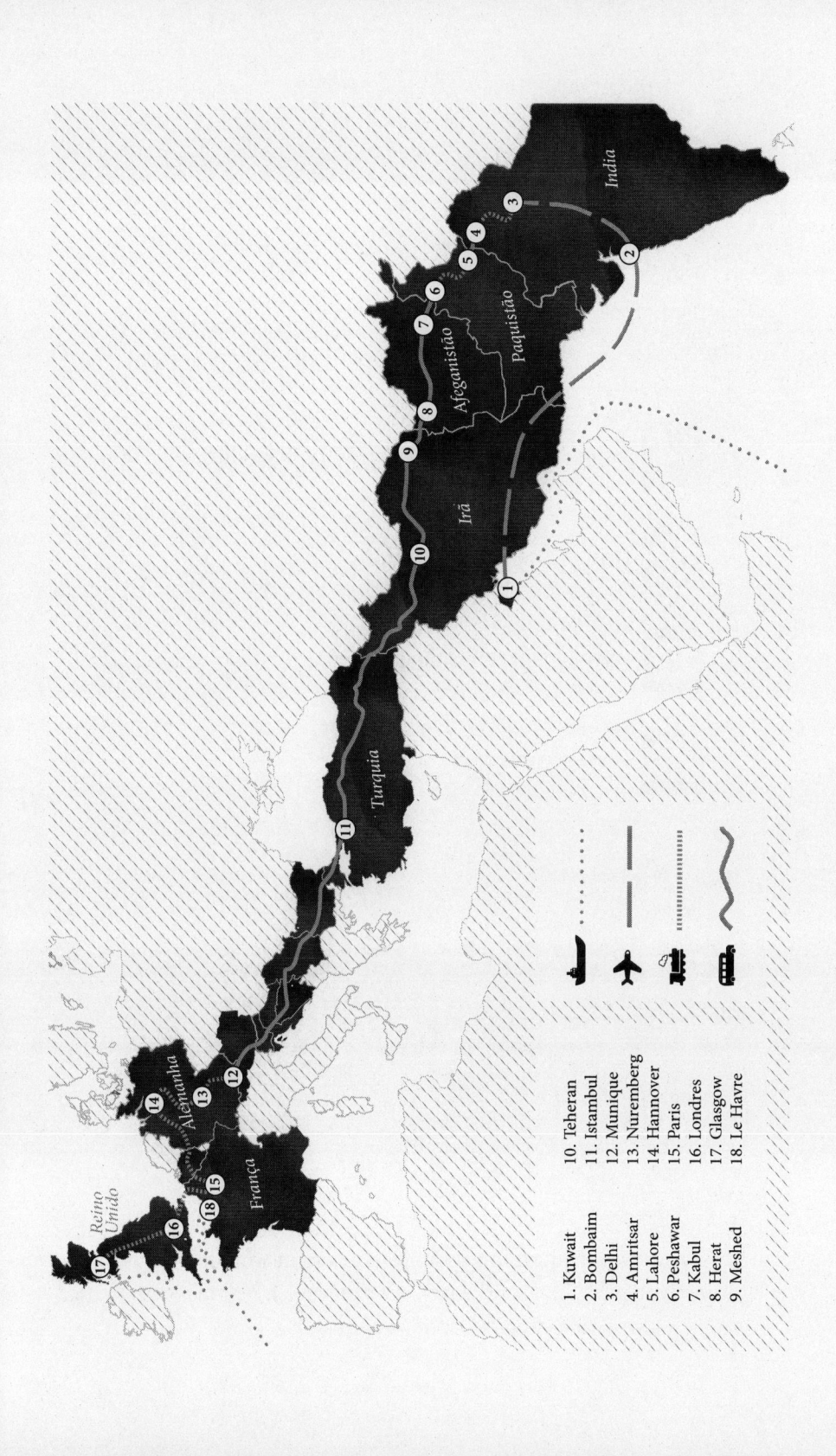

1. Kuwait	10. Teheran	
2. Bombaim	11. Istambul	
3. Delhi	12. Munique	
4. Amritsar	13. Nuremberg	
5. Lahore	14. Hannover	
6. Peshawar	15. Paris	
7. Kabul	16. Londres	
8. Herat	17. Glasgow	
9. Meshed	18. Le Havre	

https://www.facebook.com/GryphusEditora/

twitter.com/gryphuseditora

www.bloggryphus.blogspot.com

www.gryphus.com.br

Este livro foi diagramado utilizando a fonte Minion Pro
e impresso pela Gráfica Eskenazi, em papel pólen natural 70 g/m²
e a capa em papel cartão supremo 250 g/m².